大家小书

唐王朝的崛起与兴盛

汪篯 著

北京出版集团公司
北京出版社

图书在版编目（CIP）数据

唐王朝的崛起与兴盛／汪篯著. — 北京 ：北京出版社，2018. 3

（大家小书／白化文主编）

ISBN 978－7－200－12903－8

Ⅰ. ①唐… Ⅱ. ①汪… Ⅲ. ①中国历史—研究—唐代 Ⅳ. ①K242. 07

中国版本图书馆 CIP 数据核字(2017)第 068282 号

总 策 划　安　东　高立志
责任编辑　严　艳

·大家小书·

唐王朝的崛起与兴盛

TANG WANGCHAO DE JUEQI YU XINGSHENG

汪篯　著

*

北京出版集团公司
北　京　出　版　社　出版

（北京北三环中路 6 号）

邮政编码：100120

网　址：www . bph . com . cn

北京出版集团公司总发行

新　华　书　店　经　销

北京华联印刷有限公司印刷

*

880 毫米×1230 毫米　32 开本　7. 5 印张　150 千字

2018 年 3 月第 1 版　2018 年 5 月第 2 次印刷

ISBN 978－7－200－12903－8

定价：38. 00 元

如有印装质量问题，由本社负责调换

质量监督电话：010－58572393

总　　序

袁行霈

“大家小书”，是一个很俏皮的名称。此所谓“大家”，包括两方面的含义：一、书的作者是大家；二、书是写给大家看的，是大家的读物。所谓“小书”者，只是就其篇幅而言，篇幅显得小一些罢了。若论学术性则不但不轻，有些倒是相当重。其实，篇幅大小也是相对的，一部书十万字，在今天的印刷条件下，似乎算小书，若在老子、孔子的时代，又何尝就小呢?

编辑这套丛书，有一个用意就是节省读者的时间，让读者在较短的时间内获得较多的知识。在信息爆炸的时代，人们要学的东西太多了。补习，遂成为经常的需要。如果不善于补习，东抓一把，西抓一把，今天补这，明天补那，效果未必很好。如果把读书当成吃补药，还会失去读书时应有的那份从容和快乐。这套丛书每本的篇幅都小，读者即使细细地阅读慢慢地体味，也花不了多少时间，可以充分享受读书的乐趣。如果把它们当成补药来吃也行，剂量小，吃起来方便，消化起来也容易。

我们还有一个用意，就是想做一点文化积累的工作。把那些经过时间考验的、读者认同的著作，搜集到一起印刷出版，使之不至于泯没。有些书曾经畅销一时，但现在已经不容易得到；有些书当时或许没有引起很多人注意，但时间证明它们价值不菲。这两类书都需要挖掘出来，让它们重现光芒。科技类的图书偏重实用，一过时就不会有太多读者了，除了研究科技史的人还要用到之外。人文科学则不然，有许多书是常读常新的。然而，这套丛书也不都是旧书的重版，我们也想请一些著名的学者新写一些学术性和普及性兼备的小书，以满足读者日益增长的需求。

“大家小书”的开本不大，读者可以揣进衣兜里，随时随地掏出来读上几页。在路边等人的时候，在排队买戏票的时候，在车上、在公园里，都可以读。这样的读者多了，会为社会增添一些文化的色彩和学习的气氛，岂不是一件好事吗？

“大家小书”出版在即，出版社同志命我撰序说明原委。既然这套丛书标示书之小，序言当然也应以短小为宜。该说的都说了，就此搁笔吧。

汪篯先生传略

吴宗国

一

汪篯先生，江苏江都人，1916年生于扬州，1934年秋进入北平清华大学历史系学习。“七七”事变后，他随校到达昆明，1938年毕业于西南联大。1939年夏考入北京大学文科研究所做研究生，仍在昆明西南联大。1942年秋到1946年秋在昆明西南联大师范学院任教员，并在五华中学兼课。他善诗文，对唐诗饶有兴趣，特别爱好杜诗。

1947年6月，汪篯先生辗转来到北平，进入北京大学历史系工作，具体工作则是在清华大学协助陈寅恪先生写《元白诗笺证稿》。北京解放后，他回到北大，1951年以后一直在北大历史系工作，先后任副教授、教研室副主任，1963年晋升为教授，1966年6月10日含冤去世，终年五十岁。

汪籛先生一生主要从事隋唐史的研究。他曾受业于陈寅恪先生，因此，在学术观点和治学方法上都深受陈寅恪先生影响。正如胡如雷先生在《读〈汪籛隋唐史论稿〉兼论隋唐史研究》一文中所说，汪籛先生在解放前的“很多文章是受陈先生的学术观点、治学方法的影响而写成的，师徒相承之迹，跃然纸上。譬如陈先生的重要论点之一，是西魏、北周、隋、唐诸朝的上层统治集团例行所谓关陇本位政策，很多复杂的政治斗争均与此有关。《论稿》承其余绪，并加以发挥，在《唐太宗之拔擢山东微族与各集团人士之并进》《唐太宗树立新门阀的意图》《唐高宗王武二后废立之争》及《唐室之克定关中》诸文中都明显而系统地贯串着这一重要论点……陈寅恪先生过人的优点之一，是观察问题目光敏锐，往往能从常人所忽略的细微之处发现能说明重大现象的契机，这样写成的文章异常引人入胜，汪籛同志确实也具有同样的优点……陈寅恪先生治学谨严，每条史料都经过核校诸书方始引用，无一字一句苟且，此点素为后学所景仰。汪籛同志在这方面也继承了陈先生的学风，所用史料无不细加考校，从无信手拈来，滥事引用之处”。

对于具体的历史研究，汪籛先生经常强调认识历史问题需要有一个过程。对历史上一些重要制度和规律性问题，他认为“在研究过程中需要经过几次反复，才能比较接近历史上的实际情况，得出比较切合实际的结论”。因此，他不囿于前人所说，也不坚持自己曾经有过的某些看法，而是在吸取别人成果和自己深入研究的基础上，不断修正自己的看法。因此，他对某些问题的研究，往往要经过很长的时间。例如，他对北魏至隋唐均田制的研究，是从1956年开始的，到1964年虽然已经形成了一整套看法，但他认为有许多看法还不成熟，还需要进一步研究。在此期间，他不仅对均田制的认识不断深化了，而且研究领域也大为扩展。他不仅研究和考释了北魏、北齐和唐的田令，研究了包括敦煌西魏和唐的户籍簿在内的与田令实行有关的材料，而且上溯商、周、两汉的土地占有情况；他不仅研究了这些时期的土地问题，而且还探索了这些时期的生产力状况以及阶级斗争在土地制度变化中的作用。在研究工作中他总是这样不断深入，坚持运用马克思主义理论，探求历史发展的本质。

他在研究中很注意对比研究。他总是把历史看作是一个发展的过程，力图从纷繁的历史线索中找出社会发展的规律，划分出不同的发展阶段。因此，他很重视前后的对比。他不仅在秦汉史方面有很深的造诣，而且还下了很大的功夫钻研商、周和战国的历史，为此还研究了金文以及《尚书》和《诗经》。

他不止一次地表示，自己对宋以后的历史不熟悉，准备有机会进行钻研。他还很注意把外国历史和中国历史，把欧洲的封建社会和中国的封建社会进行对比，既注意它们之间的不同点，又注意它们之间的共同点，力图从这种比较研究中找出中国封建社会发展的特殊规律和各国封建社会发展的共同规律。

他在研究中不仅注意历史发展的阶段性，而且非常注意各个阶段中的数量关系，经常进行各种统计和计算。从宰相的各种家庭出身到各官僚集团的成员，从各地区的人口到各地区的物产，从古代的耕地面积到新中国成立前后的耕地面积，他都进行过统计。在统计时，他注意分析，尽量按照事物发展的阶段和特点加以分类，而不是把几十年乃至数百年的人或事凑在一起简单地加以平均。在统计时，他也注意对比，把几个朝代的数字进行对照，以便从中发现变化的轨迹。

二

汪篯先生不仅自己兢兢业业地进行研究，而且非常关心对年轻一代史学工作者的培养。他曾总结自己的成长，一是得益于少时在扬州中学的数学学习，培养了严格的逻辑思维能力；

二是从陈寅恪先生那里学到了整理材料和分析问题的方法；三是在马列学院学到了马克思主义，学会了运用历史唯物主义实事求是地分析历史问题。首先，他反复地对青年同志讲，搞历史科学必须抓住实事求是，客观分析，否则搞什么都要出问题。例如在评价历史人物时，有人带感情，我喜欢历史上的这个人便一切都好，可是这就是你而不是历史上的那个人了。这可以作为文艺创作看待，但不能作为历史。还有翻案，要翻就翻到头，给统治者翻案连农民也给否定了，给失败的英雄翻案，最后忘掉了他们为什么失败。该翻的案是要翻的，但要翻得适当，不能过头。那么，依靠什么才能准确地把握住历史呢？这就要依靠我们实事求是，依靠我们平时对马克思主义理论的掌握，依靠我们经常的学习。

其次，他要求青年要有比较广泛的基础知识。他认为历史科学的首要任务在于揭示社会发展的客观规律，从而加强我们对将来历史事变进程的科学预见。如果没有比较广泛而巩固的基础知识，甚至连最简单的历史常识都不具备，那又怎么研究规律呢？因此，在比较广泛而牢固的知识的基础上逐步提高，是培养青年史学工作者的重要原则之一。孤陋寡闻是不可能有什么科学研究前途的。

再次，他还强调指出，学习中国古代史必须练好基本功。

他很反对有些人典章制度没有弄清楚，时间、事实也没有搞清楚就写文章。他认为，对中国古代史研究来说，考据是一种基本功，邓广铭先生在1956年提出来的年代、地名、职官、目录等四把钥匙，从练基本功来说，是完全必要的。他还告诉青年，不要停留在考据上，更不要为考据而考据。因为考据、考证材料，这在历史研究上还只是处于搜集材料、整理材料的阶段，即对历史发展过程认识的初级阶段。运用马克思主义理论分析史料，这才进到高级阶段。最后还要进行全面综合，才能得出规律性结论。

汪籛先生很喜欢和青年同志交换意见。对青年人的意见他总是择善而从，不固执己见。他鼓励年轻同志提出不同看法，他觉得有道理的就加以肯定；他不同意的，也立即进行辩论，有时会争得面红耳赤，但他从不耿耿于怀，也绝无以势压人之意。对于不了解他的人，往往很不习惯这种场面，甚至会感到他缺少长者风度，因此也得罪了一些人。而对经常参加这一类讨论的青年同志来说，每一次都不仅可以从他那思路开阔、分析周密的谈话中受到启发，得到教益，而且可以深切感受到他那诲人不倦的精神和追求真理的热情。

汪籛先生毕生从事历史研究和历史教育工作。新中国成立后，他不怕影响自己的著述，不为个人名利考虑，把主要精力都花在教材的编写和教学工作上，表现了一个共产党员对人民教育事业的忠诚。他对于青年的奖拔和在研究方法上的启迪，对学生产生了很大的影响。凡是受过他的教诲的青年，都深切怀念这位青年人的良师益友。

目 录

唐室之克定关中

杨隋承袭西魏、北周之遗业，仍旧施行关陇本位政策，不独续置都城于长安，以临制山东江左，且更集中兵府于王畿，借收居重驭轻之效，是故李唐既得速据三秦，遂能独成帝业。此陈寅恪师已于其所著《唐代政治史述论稿·政治革命及党派分野》之首节阐明之矣，然于此尚有一可注意之点，即唐高祖何以独能骤占斯区，因之以奠定其三百年皇室之基础是也。此点殆为一枝节问题，故为寅恪师书中所不及。筏于兹节所论者，不过唾余之物耳，既未能特有发明，尤不敢自谓可以佐辅寅恪师之说也。

唐室初起于太原，其时北有刘武周盘踞恒朔，而与突厥相连，东南则有李密窥伺而与隋兵对峙。其刘武周所据之地既与太原壤土相连，而突厥复为周、齐以来最强之外患，故连和突厥一事，其成否端为高祖兴甲晋阳成败之所系，兹先于此一为申述焉。温大雅《大唐创业起居注》卷一云：

（大业十三年）二月己丑，马邑军人刘武周杀太守王仁恭，据其郡，而自称天子，国号定杨。（略）三月丁卯，武周南破楼烦郡，进据汾源宫。

同上：

（五月）己亥〔己巳？〕（突厥）夜潜遁。明旦，城外觇入驰报，帝曰："我知之矣。"（略）即立自手疏与突厥。（略）仍命封题，署云某启。所司报请云："突厥不识文字，惟重货财，愿加厚遗，改启为书。"帝笑而谓请者曰："何不达之深也。自顷离乱，亡命甚多，走胡奔越，书生不少，中国之礼，并在诸夷。我若敬之，彼仍未信，如有轻慢，猜虑愈深。古人云：'屈于一人之下，伸于万人之上。'（略）此非卿等所及。"乃遣使者驰驿送启。始毕得书，大喜。其部达官等曰："（略）唐公自作天子，我则从行。（略）"当日即以此意作书报帝。（略）帝开书叹息久之曰："（略）本虑兵行以后，突厥南侵，屈节连和，以安居者。"（略）（六月）裴寂等乃因太子、秦王等入启，请依伊尹放太甲，霍光废昌邑故事。（略）于是遣使以众议驰报突厥。始毕依旨，即遣其柱国康鞘利、级失、热寒、特勤、达官等，送马千匹，来太原交市，仍许遣兵送帝往西京，多少惟命。（略）丙申，突厥柱国康鞘利等并马而至。（略）丁酉，帝引康鞘利等，礼见于晋阳宫东门之侧舍，受始毕所送书信。帝伪貌恭，厚加飨贿。（略）乙巳（己巳？）康鞘利等还蕃，乃命司马刘文静报使，并取其兵。静辞，帝私诫之曰："（略）所防之者，恐武周引为边患。"

《旧唐书》卷五五《刘武周传》（新传同）云：

突厥立武周为定杨可汗，遗以狼头纛。因僭称皇帝，以妻沮氏为皇后。

笺案：高祖称臣于突厥一事，温大雅特以不用书而用启隐约其词之伏，司马光《通鉴考异》隋恭帝义宁元年六月李渊自为手启卑辞厚礼遗始毕可汗条既经擿发于前，陈寅恪师《唐代政治史述论稿·外族盛衰之连环性及外患与内政之关系》复加阐述于后，固皆确定不移之论也。细绎温大雅所书高祖报突厥以启，突厥报高祖以书及“帝引康鞘利等，礼见于晋阳宫东门之侧舍，受始毕所送书信。帝伪貌恭”诸点，实已明言其不平等之地位，而高祖“屈于一人之下，伸于万人之上”之语殆尤足显示其事，因为附识如此。所最可注意者，此时刘武周受突厥可汗之号及狼头纛之遗，乃突厥之傀儡政权。苟高祖不屈节称臣，则不足结其欢心；观高祖“我若敬之，彼仍未信，如有轻慢，猜虑愈深”之言可知。而师发晋阳以后，更有隋兵阻其前，突厥共武周议其后，而陷入腹背受敌之虞；据高祖“本虑兵行以启突厥南侵”，“所防之者恐武周引为边患”诸言又可证也。夫刘武周不过为起自边荒之武吏，而高祖乃是驻守方面之大臣，以二者相较，突厥特欲资助唐高祖以释宿憾于隋炀而致中国之内乱，因其宜矣。至于唐高祖之连和突厥尚有求致胡马以资军用之目的一点，前章既已论之，兹不复赘。

唐高祖与刘武周及突厥间之关系既明，今再一论其与李密间之关系。

《大唐创业起居注》卷二（《旧唐书》卷五三《李密传》略同）云：

> （大业十三年七月）癸丑，将引帝立军门，仗日旗而大号誓众。（略）是夕，次于清源。（略）己巳，荥阳贼

帅李密遣使送款致书，请与帝合从。帝大悦。（略）密以炀帝不来，翟让已死（案李密杀翟让事在周年十一月戊午，此时尚未死），坐对敖仓，便有自矜之志，作书与帝，以天下为已任，屡有大言，其书多不录，大略云：欲帝为盟津之会。（略）帝览书抵掌，谓所亲曰："密夸诞不达天命，适所以为吾拒东都之兵，守成皋之厄，更觅韩彭，莫如用密。宜卑辞推奖，以骄其志，使其不虞于我，得入关，据薄津而屯永丰，阻崤函而临伊洛，东看群贼鹬蚌之势，吾然后为秦人之渔父矣。"记室承旨，报密书曰："（略）以弟见机而作，一日千里，鸡鸣起舞，豹变先鞭，御宇当涂，聿来中土，兵临郏鄏，将观周鼎，营屯敖仓，酷似汉王。前遣简书，屈为唇齿，今辱来旨，莫我肯顾（案《旧唐书·李密传》高祖报李密书此节悉略之）。天生蒸民，必有司牧，当今为牧，非子而谁？老夫年逾知命，愿不及此，欣戴大弟，攀麟附翼，惟冀早膺图箓，以宁兆庶，宗盟之长，属籍见容，复封于唐，斯足荣矣。（略）"密得帝书，甚悦，示其部下曰："唐公见推，天下不足定也。"遂注意东都，无心外略。

《隋书》卷七〇《李密传》（《北史》卷六〇、《旧唐书》卷

五三、《新唐书》卷八四《李密传》并同）云：

其府掾柳燮（案旧传作奭，误）对曰："昔盆子归汉，尚食均输，明公与长安宗族有畴昔之遇，虽不陪起义，然而阻东都，断隋归路，使唐国不战而据京师，此亦公之功也。"众咸曰："然。"密遂归大唐。

笺案：《旧唐书·李密传》于高祖与李密通书连和之事，以为由李密遣使致书而高祖报书云云，与《创业注》所书"荥阳贼帅李密遣使送款致书，请与帝合从"，"记室承旨，报密书曰"云云相同。细察当时情势，颇觉不合。盖其时虽为李密全盛时期，然密似亦无先致书高祖而以盟主自居之理。考之《通鉴》卷一八四义宁元年七月丙寅下云：

（李）渊以书招李密，密自恃兵强，欲为盟主，使祖君彦复书。（略）（渊）乃使温大雅复书。

此条并有考异曰：

《壶关录》云："高祖屯寿阳，遣右卫将军张仁则赍书招李密。”《蒲山公传》：“密答书曰：‘使至，辱今月十九日书’，按《长历》是月己酉朔，十九日丁卯，不应己巳还至霍邑，又发书日不应犹在寿阳。今皆不取。”

其《壶关录》及《蒲山公传》虽于地时二者各不免有所疏误，而高祖先致书李密一点或反为实录也。司马光当时殆尚能见及祖君彦书之全文，或者《通鉴》正文中所书之不同于旧传者即据祖文欤。复考《创业注》中李渊报李密书之全文中实有“前遣简书，屈于唇齿，今辱来旨，莫我肯顾”之语，所以云遣者，必系高祖所遣，始得云尔。司马光倘亦有见于此乎。是知《创业注》李密请与唐室合从之语，乃为浮夸之词。旧传抄袭旧文，并未加以考核，司马光作史极为精审，斯亦为一例证。然则唐祖、魏公之连和，实由神尧先发，乃无可致疑者也。

以时间言，大业十三年六月丙申突厥使臣康鞘利至晋阳，唐室勾结北蕃，实际已告成功。其事在七月癸丑发引兵行以前，而李密使臣之至，已为七月己巳，其事在发引兵行以后。所以然者，唐之初起，以晋阳为根本，易言之，即李唐于南下以后，入关以前，仍以斯地为后方供应之中心是也。是以在此一时期内，晋阳之能否确保，端为其帝业有无成功可能之关键。而前此胡马南牧，曾达太原之郊，武周侵渔，已至忻、岚之境，晋阳实在其威胁之下。是故晋阳之可以确保与否，又必视连和突厥一事之成败而判定。唐之必以始毕之同意为举甲南下之先决条件者，实职此之由也。关于此点，复可据下引史事以佐证之。

《大唐创业起居注》卷二云：

> （大业十三年七月）壬戌，霖雨甚，顿营于贾胡堡，去霍邑五十余里。（略）丙寅，突厥始毕使达官、级失、特勤等先报，已遣兵马上道，计日当至。（略）刘文静之使蕃也来迟，而突厥兵马未至，时有流言者云："突厥欲与武周南入，乘虚掩袭太原。"帝集文武官人及大郎、二郎等，而谓之曰："（略）诸公意谓何？"议者以老生、突厥相去不遥；李密谲诳，奸谋难测，突厥见利则行；武周，事胡者也；太原一都之会，义兵家属在焉。愚夫所虑，伏听教旨。帝顾谓大郎、二郎等曰："尔辈如何？"对曰："武周位极而志满，突厥少信而贪利，外虽相附，内实相猜。突厥必欲远离（利）太原，宁肯近亡马邑。武周悉其此势，必未同谋。又朝廷既闻唐国举兵，忧虞不暇，京都留守，特畏义旗，所以骁将精兵，鳞次在近。今若却还，诸军不

知其故。更相恐动，必有变生。营之内外皆为勍敌，于是突厥、武周不谋同至；老生、屈突追奔竞来，进阙图南，退穷自北，还无所入，往无所之，畏溺先沉，近于斯矣。”

《通鉴》卷一八四义宁元年七月：

雨久不止，渊军中粮乏；刘文静来返，或传突厥与刘武周乘虚袭晋阳；渊召将佐谋北还。（略）（李世民谏）李建成亦以为然。渊不听，促令引发。（略）渊乃悟曰：“军已发，奈何？”世民曰：“右军严而未发，左军虽去，计亦未远，请自追之。”（略）世民乃与建成夜追左军复还。

高祖于获得始毕可汗之同意后而始南下，其后并得突厥已遣助兵上道之报，宜其不复有后顾之忧；而一闻突厥、武周乘虚掩袭晋阳之流言，竟几自为畏溺先沉，退兵北走之愚计，是突厥之意旨、晋阳之安危、与夫义旗之举建三事之因果关系不甚明乎！至于太宗、建成对于当时形势之阐释最为明确，自又不待言矣。而李密之势力则此时方与隋兵相持于东都，更无余力外略；且炀帝尚在人间，复无招诱李密如后越王侗使其击宇文化及者之可能，对于唐室并无直接之威胁。此高祖不必待其通好而后南下也。

虽然如此，李密之捍御东都、断隋归路，其有助于李唐之速据关中，则为不可忽视之事。何以言之？考隋自开皇九年平陈以来，江南即怀不靖，其初起反抗者虽为杨素等迅速荡平（见《隋书》卷二《高祖纪》开皇十年十一月条及同书卷四八《杨素传》，卷五三《史万岁传》，卷六四《麦铁杖传》），然岭表益边犹时有岩穴之酋豪继续为变（参《隋书》卷二《高祖纪》开皇十七年二月庚子条、七月丁丑条，同书卷四〇《王世积传》《虞庆则传》，卷四六《苏孝慈传》，卷五〇《郭荣传》，卷五三《刘方传》，卷五五《侯莫陈颖传》，卷五六《令狐熙传》，卷六五《周法尚传》《权武传》，卷六八《何稠传》）。及至征辽之役兴，杨玄感之反作，东南各地之豪强遂乘机发难，据郡专城，散而复聚，非旦夕可定矣（《隋书》卷四《炀帝纪下》大业九年七月癸未条，八月癸卯条、乙卯条，九月庚辰条、丁酉条，十年六月辛未条，同书卷六四《鱼俱罗传》，卷六五《吐万绪传》，卷七〇《刘元进传》，卷八五《王充传》）。是以隋炀帝之远幸江都，殆不如后世成败观人之论，谓其以娱乐为唯一之原因，而实以镇压南方之变乱为其主要之目的也（参《隋书·炀帝纪下》大业十年十二月庚寅条，十一年七月己亥条、十月条，十二年九月丁酉条，同书卷六四《陈棱传》）。故当时之宿卫精兵，悉屯聚于淮左，而猛将亦多从驾于行在（参《隋书》卷五〇《宇文庆传》，卷六四《麦铁杖传》《沈光传》《来护儿传》《陈棱传》，卷六五《赵才传》，卷七一《独孤盛传》，卷八五《宇文化及传》《司马德戡传》《裴虔通传》）。苟无李密之捍蔽，则唐室之席卷泾渭必不能甚速。而薛举崛起金城，距京亦近，如能同达长安城下，则天下之事诚未易可知矣。

至于唐室初起之时，其于财力之准备，亦略有可言者。《旧唐书》卷五八《武士彟传》（《新唐书》卷二〇六《武士彟传》同）：

> 武士彟，并州文水人也，家富于财，颇好交结。高祖初行军于汾、晋，休止其家，因蒙顾接。及为太原留守，引为行军司铠。时盗贼蜂起，士彟尝阴劝高祖举兵。

《大唐创业起居注》卷一云：

> 有乡长刘（世）龙者，晋田之富人也。先与宫监裴寂（疑有脱字）引之谒帝，帝虽知其微细，亦接待之以招客。

《旧唐书》卷五七《刘世龙传》（新传同）云：

从平京城，累转鸿胪卿，仍改名义节。时草创之始，倾竭府藏以赐勋人，而国用不足，义节进计曰："今义师数万，并在京师，樵薪贵而布帛贱。若采街衢及苑中树为樵以易布帛，岁收数十万匹立可致也。又藏内缯绢，匹匹轴之，使申截取剩物，以供杂费，动盈十余万段矣。"高祖并从之，大收其利。

筱案：武士彟为一木材巨商（详陈寅恪师《李唐武周先世杂考》），而刘义节者既为出身微细之富人，复又善于经纪，是亦必为富贾。高祖于此辈并加顾接，岂意在利用其经济力量耶？史言高祖命建成及太宗"倾财赈施"，以结人心（见《起居注》卷一），或亦部分得自商界巨子之资助欤？

又《旧唐书》卷五七《刘文静传》（新传同）云："宫监之中，府库盈积。"太原乃一都之会，复是备边之基地，自宜府库充实，唐室借之以纠合义兵，似亦不虞于匮乏，观同卷《裴寂传》"及义兵起，寂进宫女五百人，并上米九百万斛（《旧唐书校勘记》卷三三引张氏宗泰云新书九下有百字是）、杂彩五万段、甲四十万领，以供军用"可知也。

论高祖晋阳起兵前后对外对内之准备既竟，试再就其招附关中群盗及说降隋室官吏之史实加以探讨。

《旧唐书》卷五七《裴寂传》（新传、《唐会要》卷三六《氏族》条同）云：

> （高祖）又尝从容谓寂曰："我李氏昔在陇西，富有龟玉，降及祖祢，姻娅帝室（案周明帝独孤皇后，隋文帝独孤皇后皆独孤信女，即高祖从母）。及举义兵，四海云集，才涉数月（案，此语虽未可拘泥，然似以从《唐会要》作数月为是，新传改作"不三月有天下"，实则唐于七月癸丑发引，至十一月丙辰平京城，亦历一百二十余日，并未合之），升为天子。至如前代皇王，多起微贱，劬劳行阵，下不聊生。公复世胄名家，历职清显，岂若萧何、曹参起自刀笔吏也！唯我与公，千载之后，无愧前修矣。"

笺案：李唐皇室之先世，出自宇文泰所创建之关陇胡汉集团，其政治性之号召，对于关中确能具极强之力量。盖其家自其祖李虎以来，久居三辅，代袭箕裘，赏宅赐田，基址不坠。泾渭豪强，多有其同族婚媾之人；京畿军士，亦恐尚有其祖父所领旧部后裔，故河东之旗既举，而关西之援斯应。其利涉大川，速定京邑，实职此之由。高祖所言，虽为矜夸其家世而发，然细绎其语，知亦含有其家世与速据关中关系之解释，此则颇有合于当时实况者也。

唐兵于大业十三年八月癸巳到达龙门，临河仅越九日，至壬寅即已派遣先头部队自梁山船济而建立西岸之根据地。《大唐创业起居注》卷二云：

> （大业十三年八月）癸巳至于龙门县。（略）先是帝使时，于此县界见河水清，皇太子又于此县界获元狐、于往县西南宴见鞘利，并与县内道俗等叙旧极欢。丙申，至汾阴，遣书招冯翊贼帅孙华。华所部强兵，至余数千，积年劫掠，非常富实，泺水以北，莫敢当之。帝书到，华喜而从命。己亥，进营，停于壶口。（略）壬寅，孙华率其腹心轻骑数十，至自郃阳。（略）于是拜华左光禄大夫，封武乡县公，加冯翊郡守。（略）仍命华先济，为西道主人，华大悦而去。仍命左右统军王长谐、刘弘基，并左领军大都督府长史陈演寿等，率师次华而渡，据河西岸，以待大兵。

《旧唐书》卷五九《任瑰传》（新传同）云：

任瑰字玮，庐州合肥人，陈镇东大将军蛮奴（即忠）弟之子也。父七宝，仕陈定远太守。（略）仁寿中，为韩城尉，俄又罢职，及高祖讨捕于汾、晋，瑰谒高祖于辕门，承制为河东县户曹。高祖将之晋阳，留隐太子建成以托于瑰。义师起，瑰至龙门谒见。（略）瑰曰："（略）关中所在蜂起，惟待义兵，仗大顺，从众欲，何忧不济。瑰在冯翊积年，人情谙练，愿为一介之使，衔命入关，同州以东，必当款服。于梁山船济，直指韩城，进逼郃阳，分取朝邑，且萧造文吏，本无武略，仰惧威灵，理当自下；孙华诸贼，未有适从，必当相率而至。然后鼓行整众，入据永丰。虽未得京城，关中固已定矣。"高祖曰："是吾心也。"乃授银青光禄大夫，遣陈演寿、史大奈领步骑六千，趋梁山渡河，使瑰及薛献为招慰大使。（略）孙华、白玄度等闻兵且至，果竞来降，并具舟于河，师遂利涉。瑰说下韩城县（案此于孙华之降附及陈演寿、史大奈等之渡河叙述前后稍有不合）。

《新唐书》卷一九一《王行敏传附卢士睿传》云：

士睿客韩城。隋乱，结纳英豪。高祖与之旧，及兵兴，率数百人上谒汾阴，又使兄子谕降剧贼孙华。

笺案：是时河东驻有精兵，未易猝拔，其事既已论之于前，于此可不复述。此间所欲论者，唐兵先遣部队之利涉大川，端在于盘踞北洛水下游与黄河转曲处三角地带间“贼帅”孙华之降附，而招诱孙华之计又为久在冯翊之任瑰所建议与客居韩城之卢士睿所佐成。任瑰与高祖关系殊密，观于高祖以家属相托可知。卢士睿本为高祖之故旧，亦史文之所明载，此前高祖曾为山西、河东慰抚大使，并得承制黜陟选补郡县文武官吏，任瑰谒高祖于军门，承制为河东县户曹之事可与相印证。薛献当出自河东薛氏，卢士睿之居地韩城与龙门亦仅一河之隔，此二人殆亦即于是得蒙顾接。至孙华、白玄度等人之争求立效，虽有见于唐兵声势之浩大，疑高祖讨捕河东时威名夙著与结纳英豪亦有以致之。然则高祖兵不血刃而进入长安之左辅并造成对屈突通扼喉拊背之优势者，固与其本身经历有关也。

《大唐创业起居注》卷二云：

（大业十三年九月）丙辰，冯翊太守萧造率官属举郡归义，相继有华阴县令李孝常据永丰仓，遣子弟妹夫窦轨等送款，仍便应接河西关上兵马，又京兆万年、醴泉等诸县，皆遣使至。帝曰："吾未济者，正须此耳。今既事办，可以济乎。"乃命所司以少牢祀河。庚申，率诸军以次而渡。甲子，舍于朝邑长春宫。（略）壬申，进屯冯翊郡，过旧宅，飨告五庙，礼也。初，周齐战争之始，周太祖数往同州，侍从达官，随便各给田宅，景皇帝与隋太祖并家于州治。隋太祖宅在州城东南，西临大路，景皇帝宅居州城西北，而面泧水。东西相望，二里之间，数十年中，两宅俱出受命之主，相继代兴。时人所见，开辟以来，未之有也。

《通鉴》卷一八四：

（隋恭帝义宁元年九月戊午）朝邑法曹武功靳孝谟，以蒲津、中潬二城降，华阴令李孝常以永丰仓降，仍应接河西诸军。

《旧唐书》卷六一《窦威传附轨传》：

轨字士则，周雍州牧、酂国公恭之子也。隋大业中，为资阳郡东曹掾，后去官归于家。义兵起，轨聚众千余人，迎谒于长春宫，高祖见之大悦，降席握手，语及平生。

笺案：窦轨乃高祖窦后之从祖兄弟，而为李孝常妹夫，盖窦、李皆高祖之亲戚；武功有唐室旧业之别馆，高祖尝寓居其地，靳孝谟为武功人，是必雅与高祖有旧。窦轨去官居家而聚兵从龙于永丰，岂即营居于华阴欤。李唐在同州亦有田宅，其地当已有李唐之潜伏势力，盖当时贵族之庄园咸拥有多数之奴客也。萧造之望风送款，疑亦与此有关。至此，沿河之地，北起韩城，南连河渭合流之口，均入高祖之掌握，宜乎高祖不复再以重兵顿守河东坚城之下而淹留自毙矣。蒲津夹河与河东对峙，固为军事要害之地，同州乃左辅治所之所在，实亦捍蔽长安外围之重镇，而永丰仓更是河渭转漕、米粮屯聚之中心，尤具军事、经济两方面之价值，是皆兵家之所必争，而唐室并于短期中垂手不战而得之，若无戚谊种种因缘，又何从至此邪。其帝业之成有借于其家世者，足可徵信矣。

《旧唐书》卷五八《柴绍传》（《新唐书》卷八三《高祖女平阳昭公主传》、《唐会要》卷六《公主杂录》同）云：

高祖微时，妻之以女，即平阳公主也。（略）绍即间行赴太原。公主乃归鄠县庄所，遂散家资，招引山中亡命，得数百人，起兵以应高祖。时有胡贼何潘仁（案《通鉴》一八四义宁元年九月丙寅条下作西域商胡何潘仁甚确，盖何为昭武九姓之一也），聚众于司竹园，自称总管，未有所属。公主遣家童马三宝说以利害，潘仁攻鄠县，陷之。三宝又说群盗李仲文、向善志、丘师利等，各率数千人来会。时京师留守频遣军讨公主，三宝、潘仁屡挫其锋。公主掠地至盩厔、武功、始平，皆下之。每申明法令，禁兵士无得侵掠，故远近奔赴者甚众，得兵七万人。公主令间使以闻，高祖大悦。及义军渡河，遣绍将数百骑趋华阴，傍南山以迎公主。时公主引精兵万余与太宗军会于渭北，与绍各置幕府，俱围京城，营中号曰“娘子军”。

《旧唐书》卷六〇《淮安王神通传》（《新唐书》卷七八《淮安靖王神通传》同）云：

淮安王神通，高祖从父弟也。父亮，隋海州刺史，武德初追封郑王。神通，隋末在京师。义师起，隋人捕之，神通潜入鄠县山南，与京师大侠史万宝（案史万宝亦疑是何潘仁一类，盖昭武九姓有史国，而商胡多殖货致富，又尚武力，为侠者众也）、河东裴勣、柳崇礼等举兵以应义师，遣使与司竹贼帅何潘仁连结。潘仁奉平阳公主而至，神通与之合势，进下鄠县，众逾一万，自称关中道行军总管。（略）

高祖闻之大悦。

《通鉴》卷一八四义宁元年九月丙寅条下云：

左亲卫段纶，文振之子也，娶渊女（案段纶尚高祖第四女高密公主，见《新唐书》卷八三《诸公主》及《唐会要》卷六《公主》条），亦聚徒于蓝田，得万余人。及渊济河，神通、李氏、纶各遣使迎渊。

《大唐创业起居注》卷二云：

（大业十三年九月）丙寅，遣世子陇西公将司马刘文静，统军王长谐、姜宝谊、宝琮诸军数万人，屯永丰仓，守潼关，备他盗，慰抚使人窦轨等受节度焉。遣敦煌公率统军刘弘基、长孙顺德、杨毛等诸军数万人，往高陵道，定泾阳、云阳、武功、盩厔、鄠诸县等，慰抚使人掾殷开山等受节度焉。先是，帝从弟赵兴公神通起兵鄠县，有众数千，闻义旗渡河，遣使迎帝。又贼帅李仲文遣兄仲威送款，仲文则魏密之从父也，以密反于荥阳，缘坐亡命，招集无赖，抄劫鄠县之间，众将四五千。盩厔贼帅何潘儿、向善志等，亦各率众数千归附。宜君贼帅刘旻又率其党数千人降。帝并以不次封。

《旧唐书》卷五九《丘和传》（新传同）云：

> 和遣司马高士廉奉表请（自海南）入朝，诏许之。高祖遣其子师利迎之。及谒见，高祖为之兴，引入卧内，语及平生，甚欢。（略）和时年已衰老，乃拜稷州刺史，以是本乡，令自怡养。（略）（子）行恭知名。行恭善骑射，勇敢绝伦。大业末，与兄师利聚兵于岐、雍间，有众一万，保故郿城，百姓多附之，群盗不敢入境。初，原州奴贼数万人围扶风郡，太守窦琎坚守，经数月，城中食尽，野无所掠，众多离散，投行恭者千余骑。行恭遣其酋渠说诸奴贼共迎义军。

筱案：观高祖与丘和语及平生之言，知二人必雅有旧谊，师利、行恭兄弟率众旧归附唐军，或即与此有关邪。窦琎乃高祖后族，当其抚字扶风之际，师利、行恭虽保聚自雄，实亦不相侵扰，且似互为守望也。平阳公主是高祖第三女，神通为高祖同祖兄弟，段纶乃高祖第四女高密公主之夫婿，是皆唐室之至亲，宜其举兵相应，此可注意者一。

平阳公主以一妇女而能招引徒众，实以鄠县为柴氏庄园之所在。丘和为郿人，据旧书谓稷州是和之本乡可以为证。盖此稷州即李吉甫《元和郡县图志》卷二关内道京兆府下武功县条（《新唐书》卷三七《地理志》关内道京兆府武功县条同）所记：

> 武德三年，分雍州之武功、好畤、盩厔、扶风之郿四县，于今县理置稷州，因后稷所封为名。贞观元年废州，以县属京兆。

故师利、行恭兄弟乃依此地为巢穴。而同书同卷同条又云：

> 庆善宫在县南十八里，皇家旧宅也，南临渭水。

是高祖之旧居（太宗即生于此）与郿县一衣带水之隔，然则李唐与丘氏本同乡里矣。段纶之聚兵蓝田，神通之起于鄠县，其人地之关系如何，虽无可稽考，然疑同于平阳公主起鄠，丘师利、行恭起郿之例。盖当中央政权动摇之际，其乘机发难者，若非手握重兵，必即依附本土，所谓例外殊属罕见故也。此可注意者二。

柴绍者，祖烈，“周骠骑大将军，历遂、梁二州刺史”（见《旧唐书·柴绍传》）。考《通典》卷三九《职官典》后周官品条（参《周书》卷二四《卢辩传》），知骠骑大将军列九命之首，其位置为正九命之柱国大将军及大将军之亚；复考《周书》各列传，骠骑大将军与开府仪同三司常为连称，颇疑二者于周制无异一词，而实即《周书》卷一六所云，北周之时，柱国及大将军已多为散秩，无所统御，开府亦同其例。庾信以纯粹文人而致此位（参《周书》卷四一《庾信传》）可为佐证。柴烈是否实际统兵自不可知，然烈子慎在隋为太子卫率，慎子绍幼矫捷有勇力，是柴氏之贵盛虽稍逊于李唐，但本为西魏、北周以来关陇集团之将门，与李唐同其气类，此即柴绍得娶平阳公主之故也。段纶者，据《元和姓纂》卷九去声二十九换辽西段氏条：

> 匹磾受欲魔段（？）八代孙文振，隋兵部尚书北平侯，又居（据岑仲勉《元和姓纂四校记》引罗振玉《元和姓纂校勘记》改）北海斯（期）原，生确、纶。

《隋书》卷六〇《段文振传》（《北史》卷七六同）：

段文振，北海期原人也。祖寿，魏沧州刺史。父威，周洮、河、甘、渭四州刺史。

丘师利、行恭兄弟者，据《元和姓纂》卷五下平声十八尤河南丘氏条（参《魏书》卷三〇《丘堆传》，卷一一四《官氏志》）云：

后魏献帝七分国人，以弟豆真折为邱敦氏，封临淮王。孝文改为邱氏。折生堆，堆生跋，跋生鳞，鳞曾孙大千生寿，野王公。

《旧唐书》卷五九《丘和传》（《新唐书》卷九〇略同）：

丘和，河南洛阳人也。父寿，魏镇东将军。和少便弓马。（略）周为开府仪同三司。入隋，累迁右武卫将军，封平城郡公。

盖段纶、丘师利、行恭之先乃段部与拓跋部鲜卑之从贺拔岳、宇文泰入关者，是皆为关陇集团之家族。至于李神通，则为唐之宗室而为西魏入关实际领兵之八大柱国之一即李虎之孙，自更无待论矣。此为可注意者三。

柴绍“幼矫捷，有勇力，任侠闻于关中”（见旧书绍传），段纶“少以侠气闻”（见《隋书·段文振传》），丘和少“重气任侠”，其子行恭“善骑射，勇敢绝伦”（见旧书和传），神通“少轻侠”（见新书神通传），并载于史传。所谓任侠者，除趋人之急，以武犯禁外，更有招引宾客，驰骛竞逐之意。此诸人皆出自西魏以来胡汉糅杂之关陇集团，故至隋末犹保存勇武之风尚，而又借贵介公子之势，故易为闾阎豪杰所朋附，其同为游侠少年，同为唐室元勋，非偶然也。史万宝疑是昭武九姓之胡，何潘仁“引致宾客”（《册府元龟》卷三四五《将帅部·佐命门》），自是游侠，盖以昭武九姓中有何、史二姓，而二人之行迹又甚相类之故。至史万宝之从神通，何潘仁之奉平阳公主，或即由于游侠之交通欤？此可注意者四。

窦轨本自华阴从龙，故高祖以为潼关一带慰抚使。刘弘基为雍州池阳人，“少落拓，交遣轻侠”（见《旧唐书》卷六〇《刘弘基传》）。殷峤世居江南，自陈亡后徙居京兆为鄠人（见《新唐书》卷九〇《殷开山传》，参旧传），故高祖以为京兆诸县慰抚使。史称“时关中群盗往往聚结，众无适从，令峤招慰之，所至皆下”（《旧唐书》卷五八《殷峤传》），是高祖初起时善于利用地方势力之证。此可注意者五。

唐室庄宅之所在，今可考者有同州、武功、高陵三处，同州、武功二者上文已引，其高陵之宅，则《元和郡县图志》卷二关内道京兆府下高陵县条云：

> 龙跃宫在县西十四里，高祖太武皇帝龙潜旧居也，武德六年置。

而其祖先茔城之所在，则李虎葬于三原，《唐会要》卷一《帝号上》云：

> 太祖景皇帝讳虎，（略）葬永康陵。（原注）在京兆府三原县界。

李昺葬于咸阳，同上又云：

> 世祖元皇帝讳昺，（略）葬兴宁陵。（原注）在京兆府咸阳县界。

除同州一地外，其余各地皆在长安附近渭北地区，唐室于此一区域潜力之大自可推知。此可注意者六。

总之，自西魏历北周至杨隋八十余年间，关中之地皆为关陇集团所统治，而西魏大统十六年以前八大柱国及十二大将军家又为关陇集团之中心。

唐初之骑兵

一 绪 言

《通鉴》卷一九二唐纪八高祖纪云：

（武德九年）上（太宗）尝言："吾自少经略四方，颇知用兵之要，每观敌阵，则知其强弱，常以吾弱当其强，强当其弱。彼乘吾弱，逐奔不过数十百步，吾乘其弱，必出其阵后反击之，无不溃败，所以取胜，多在此也。"

篯案：太宗弱冠举兵，久专征伐，其所遇强敌亦众矣，历观其所经诸大战役，每采掩袭敌后之战术以致胜，是知此言非浮夸之词也。虽然唐初诸将遥用此种战术以克敌致果者非太宗一人，如史大奈、刘文静皆曾用之矣。此术既为唐将所惯用以获胜，而其敌人则甚少能用之，厥故何也？窃以为无他，在兵种之不同耳。盖出诸敌人阵后或由侧面迂回或由正面直突，其所恃者，乃速度甚大与威力极猛之骑兵，然则此种战术之能利用与否，端视其军中骑兵之质量而定，固甚明也。此唐军之所以能竞胜隋末北方群雄者。兹篇所论，即就历次较大之战役一一析之以证成此说焉。

二　晋阳起兵以前唐高祖对于骑兵之训练

《大唐创业起居注》卷一：

> （隋大业十二年，炀帝）乃诏帝（高祖，略）与马邑郡守王仁恭北备边朔。（略）既至马邑，帝与仁恭两军兵马，不越五千余人。仁恭以兵少，甚惧。帝知其意，因谓之曰：“突厥所长，惟恃骑射，见利即前，知难便走，风驰电卷，不恒其阵，以弓矢为爪牙，以甲胄为常服，队不列行，营无定所，逐水草为居室，以羊马为军粮，胜止求财，败无惭色，无警夜巡昼之劳，无构垒馈粮之费。中国兵行，皆反于是，与之角战，罕能立功。今若同其所为，习其所好，彼知无利，自然不来。”（略）乃简使能骑射者二千余人，饮食居止，

一同突厥，随逐水草，远置斥堠。每逢突厥候骑，旁若无人，驰骋射猎，以曜威武。

高祖在马邑简选其军中约占半数之士卒加以特殊之训练，使之突厥化，此足与战国时赵武灵王胡服骑射之事先后辉映，而其夙素即注意于精骑之重要性可知也。而此辈经督教之后，饮食居止，驰骋射猎能一同于突厥，则训练方法之精良又不待言矣。此后唐人于扫荡群雄时对于骑兵如何训练，虽史文不备，未能确知，然据此可推测必为严格也。

三　破历山飞之役

《大唐创业起居注》卷一载破历山飞之史实：

（大业十三年）帝（高祖）率王威等，及河东、太原兵马往讨之，于河西雀鼠谷口与贼（历山飞）相遇。贼众二万余人，帝时所统步骑才五六千而已。（略）帝乃分所将兵为二阵，以羸兵居中，多张幡帜，尽以辎重继后，从旌旗鼓角，以为大阵；又以麾下精兵数百骑，分置左右队为小阵，军中莫识所为，及战，帝遣王威领大阵居前，旌旗从。贼众遥看，谓为帝之所在，乃帅精锐，竞来赴威，及见辎驮，舍鞍争取，威怖而落马，从者挽而得脱。帝引小阵左右二队，大呼而前，夹而射之，贼众大乱，因而纵击，所向摧陷，斩级获生，不可胜数，而余贼党老幼男女数万人，并来降附。

《旧唐书》卷二《太宗本纪》（《新唐书》略同）：

及高祖之守太原，太宗时年十八。有高阳贼帅魏刀儿，自号历山飞，来攻太原，高祖击之，深入敌阵。太宗以轻骑突围而进，射之，所向披靡，拔高祖于万众之中。适会步兵至，高祖与太宗又奋击，大破之。

《起居注》与《旧唐书·太宗纪》两者之载此战役情况颇有差异。盖温大雅之起居注撰于高祖统御时期，而两唐书必又本之于贞观十四年以前之太宗实录及参取高祖实录，而此两实录皆许敬宗、敬播等纂修，而于贞观十七年奏上者。故前者特书高祖之指挥有方，而诋毁王威之怯懦，后者则盛夸太宗之英武过人，而极言高祖之失机，官史之不可尽信，往往如是也。然温大雅乃随军管记，其所书两军交战情况又至为详尽，史料价值自当较高，若据观之，则高祖所领之军，其由步兵所组成之大阵，不足以敌历山飞之众，而由精骑数百所组成之小阵，分为二队，自左右夹击，则历山飞之兵遂披靡而溃败矣。此足资证明李氏父子特善用精骑以少胜众也。即依《旧唐书》所记，则太宗能以轻骑驰骋于万众之中而所向披靡，要亦与本文所论不相违戾。

四　霍邑破宋老生之役

《大唐创业起居注》卷一：

> （大业十三年六月己卯条）突厥始毕依旨，即遣其柱国康鞘利、级失、热寒、特勤、达官等，送马千匹，来太原交市。（略）丙申，突厥柱国康鞘利等并马而至，舍之于城东兴国玄坛。（略）其马千匹，唯市好者而取其半。

笺案：高祖叛后，首先致力者即为北连突厥，其意凡有二端，一曰防突厥之南牧以袭其背；二为资突厥马以供军用，如同卷所记裴寂对高祖曰："且今士众已集，所乏者马。蕃人未是急需，胡马待之如渴。"及高祖诫刘文静言："又胡马放牧，不烦粟草，取其声势，以怀远人。”皆其证也。又同书同卷记高祖于突厥抄逼太原时，遣康达设伏，“待突厥过尽抄其马群，拟充军用”，皆证明其时需求胡马之殷切也。及始毕同意高祖之举事，又复送马互市，遂于半月后之壬子举而南下矣。

《通典》卷一九九《突厥下》（《旧唐书》卷一九四《突厥传》同）：

特勒大奈，隋大业中与曷萨那可汗同归中国。（略）后分其部落于楼烦，会高祖举兵，大奈率其众以从。

笺案：西突厥史大奈率其部落以从高祖举兵，以“阙达设初居于会宁有部落三千余骑”（见《旧唐书·突厥传下》）例之，则史大奈所部骑兵之数亦必甚众。当高祖兵发晋阳之前，既曾训练突厥化之骑射士两千余人于马邑，又复市购北突厥之良马五百匹于太原，而史大奈复举所领西突厥部落自楼烦来从，是其时军中精骑之数，足有可观者矣。

《大唐创业起居注》卷二：

（大业十三年七月）壬戌，霖雨甚，顿营于贾胡堡，去霍邑五十余里。此县西北抗汾水，东拒霍太山，守险之冲，是为襟带。西京留守代王遣骁将兽牙郎将宋老生，率精兵二万拒守。（略）八月己卯，霖止。（略）辛巳，旦发引，山道而趋霍邑，七十余里。（略）是日未时，帝将麾下左右轻骑数百，先到霍邑城东，去五六里，以待步兵至。方欲下营，且遣大郎、二郎各将数十骑逼其城，行视战地。帝分所将人为十数队，巡其城东南而向西南，往往指麾，似若安营而攻城者，仍遣殷开山急追马步等后军。老生在城上，遥见后军欲来，真直谓逼其城置营，乃从南门、东门两道，引兵而出，众将三万许人。帝虑其背城不肯远斗，乃部勒所将骑兵马左右军，大郎领左军，拟屯其东门，二郎将右军，拟断其南门之路，仍命小缩，伪若避之。既而老生见帝兵却，谓为畏己，果引兵更前，去城里余而阵。殷开山等所追步兵，前军统列方阵，以当老生中军，后军相续而至。未及战，帝命大郎、二郎，依前部分驰而向门，义兵齐呼而前，红尘暗合，鼓未及动，锋刃已交，响若山崩，城楼皆振。帝乃传言，已斩宋老生，所部众闻而大乱，舍仗而走，争奔所出之门。门已大郎、二郎先所屯守，悬门不发，老生取入不得。城上人下绳引之，老生攀绳欲上，去地丈余，军头卢君谔所部人等，跳跃及而斩之。（略）

自申至酉，遂平霍邑。

《起居注》所载与宋老生之战事，与《旧唐书·太宗纪》及《通鉴》卷一八四义宁元年八月己卯条所载微有不同。《起居注》云“遣大郎、二郎各将数十骑逼其城”，而《旧唐书》则云“太宗恐老生不出战，乃将数骑先诣其城下”。夫此时高祖自任统帅，太宗何能自专；又建成既与太宗分领左右军，自亦应随高祖同至城下。盖许敬宗、敬播于修史时即没建成之名，又以胜敌之功尽属于时君，而两唐书撰者遂因之耳。至于“老生麾兵疾进，进薄高祖而建成坠马，老生乘之。高祖与建成咸却”，疑亦是史官诽毁；而“太宗自南原率二骑驰下峻坂，冲断其军”，更系褒词。两唐书所本之高祖、太宗实录殆不如《起居注》所书为实也。

今取二书观之，大致唐以殷开山所追之步兵当宋老生之主力，其初颇居劣势。及建成、太宗等以精骑奋击，宋老生之众遂不支而退，而建成、太宗所领之骑速度甚高，威力极大，故能迂回或直突先达霍邑城下，以出宋老生之阵后，宋老生入城之路既绝，又腹背受敌，乃不得不溃散矣。夫宋既称隋之骁将，所部人又多为耐战之秦兵，而众为三万，亦与晋阳甲士之数相埒，然竟一战而授首者，殆为马步不敌有以致之也。

五　饮马泉与潼关两败屈突通之战

高祖于大业十三年八月辛巳破宋老生平霍邑后，继续引兵南下。是月癸巳（距辛巳十二日），师次龙门临河；壬寅（距癸巳九日），派遣先头部队建立黄河西岸之根据地；九月庚申（距八月壬寅十八日）舍河东不攻，率大军济河，西入关中；十一月丙辰（距九月庚申五十六日），攻克长安。计自七月壬子兵发晋阳，至此历时一百二十四日。其所以利涉黄河而速定京师，因以独成帝业之故，殆与其家世及本身之经历有关。

《大唐创业起居注》卷二（《旧唐书·高祖纪》、《通鉴》卷一八四义宁元年八月癸巳条并同）：

> （八月）癸巳，至于龙门县。刘文静、康鞘利等来自北蕃。突厥五百人，马二千匹，从鞘利等至。帝喜其兵少而来迟，借之以关陇，谓刘文静曰："吾已及河，突厥始至，马多人少，甚惬本怀。"

案龙门迫近河东，隋代王已遣左武侯大将军屈突通将辽东兵及骁果等数万余人屯守河东要地（同书同卷），越此即为隋室京畿所在之关中，故高祖此时尤为渴望突厥之马也。唐军中本已拥有精骑若干，高祖夙素注意训练骑兵，军中亦不乏驰射之士，及是良马益增，军威乃益振矣。

《大唐创业起居注》卷二载饮马泉之战情况：

（八月）丙申，至汾阴，遣书招冯翊贼帅孙华。（略）壬寅，孙华率其腹心轻骑数十，至自郃阳。（略）仍命华先济，为西道主人，华大悦而去。仍命左右统军王长谐、刘弘基，并左领军大都督府长史陈演寿等，率师次华而渡，据河西岸，以待大兵。九月乙卯，（略）至是，（屈突）通闻孙华导长谐等渡河，果遣兽牙郎将桑显和率骁果精骑数千人，夜驰掩袭长谐等军营。谐及孙华等奉教备预，故并觉之，伺和赴营，设伏分击，应时摧散，追奔至于饮马泉，斩首获生，略以千计。显和走入河东城，仅以身免。

《旧唐书》卷一《高祖纪》载此次战役情况：

九月壬寅，冯翊贼帅孙华、土门贼帅白玄度各帅其众送款，并具舟楫以待义师。高祖令华与统军王长谐、刘弘基引兵渡河。屈突通遣其武牙郎将桑显和率众数千，夜袭长谐，义师不利。太宗以游骑数百掩其后，显和溃散，义军复振。

《通鉴》卷一八四义宁元年九月桑显和“夜袭王长谐等营，长谐等战不利”条考异引《创业注》《唐高祖本纪》文后云：

按太宗时未过河西。今从《高祖实录》及《唐史大奈传》。

《旧唐书》卷五九《任瑰传》（《新唐书》卷九〇同）：

（高祖）遣陈演寿、史大奈领步骑六千趋梁山（案梁山在今陕西省韩城县界）渡河；使瑰及薛献为招慰大使。（略）孙华、白玄度等闻兵且至，果竞来降，并具舟于河，师遂利涉。瑰说下韩城县，与诸将进击饮马泉，破之。

《旧唐书》卷一九四下《突厥传下》（《新唐书》卷一一〇《史大奈传》，《通典》卷一九九《突厥篇下》同）：

（西突厥特勤大奈）会高祖举兵，大奈率其众以从。隋将桑显和袭义军于饮马泉，诸军多已奔退，大奈将数百骑出显和后，掩其不备，击大破之，诸军复振。

《旧唐书》卷五八《柴绍传》（《新唐书》卷九〇略同）：

隋将桑显和来击，孙华率精锐渡河以援之。绍引军直掩其背，与史大奈合势击之，显和大败。

笺案：河东临黄河之曲，与潼关夹峙南北，以共扼关中之门户；而又据蒲津之河梁，以联络东西两岸，其所以特具战略价值，而隋人所以重点屯守者，端在此也。今高祖即用任瑰之策（详两唐书《任瑰传》），招降冯翊“贼帅”孙华等，遣偏师于梁山船济于西岸，取得立足之点。则关中之侧门已开，而河东之严防为虚设矣。是以肃清洑北，重锁河险，以使唐兵顿驻坚域之下，乃屈突通当务之急。然则饮马泉一役虽非双方主力之接触，而其胜负之影响甚大。此役桑显和之出击即以夜袭，其所领又是骁锐之士，故唐军初战不利，如两唐书诸传所记者，殆得其实。而《起居注》“谐及孙华等奉教备预，故并觉之，伺和赴营，设伏分击，应时摧败”之言，自是温大雅虚美高祖之文，殊未足为信史。夫唐方诸军多已奔退，形势至危，然厥后竟能转败为胜，大获战果者，史大奈、柴绍之功也。史大奈所领为骑兵固史有明文可证，而柴绍所部率渡河应援之卒，据当时柴绍所任为马军总管观之，疑亦多彀骑之士。史、柴之精兵皆以迂回偷袭之方式出诸桑显和之阵后合击，隋军遂不得不告失败矣。至于桑显和所将者，据《起居注》今传世之本，皆作“骁果精骑”，而《通鉴考异》则引作“骁果精兵”，其宋刊本（据《四部丛刊》涵芳楼影印本）及胡刻本并同，今既无以详考，故唯可存疑。又此役唐太宗未尝参预，司马光已辨明，毋庸别证。

复次，史大奈本是西突厥之特勤，其所统乃胡人部落之众。宜其骁锐，独建殊勋也。至于康鞘利领来突厥之人马，则疑此时尚随大军屯驻东岸，而未曾预于是役焉。

《旧唐书》卷五七《刘文静传》载潼关之战情况：

> 寻率兵御隋将屈突通于潼关，通遣武牙郎将桑显和率劲兵来击。文静苦战者半日，死者数千人。文静度显和军稍怠，潜遣奇兵掩其后，显和大败，悉虏其众。通尚拥兵数万，将遁归东都，文静遣诸将追而执之，略定新安以西之地。

笺案：此大业十三年十二月事也。自饮马泉一役而后，高祖以九月戊午围河东，屈突通拥重兵守坚城，未可猝拔，会华阴令李孝常以永丰仓降，高祖乃于庚申率诸军渡河，丙寅遣建成、刘文静等屯永丰守潼关（见《起居注》卷二）。屈突通闻唐军之西入，引兵西救关中，与刘文静等相持者凡月余，及此月乃有是次会战。最可注意而文静传未明言者，文静潜遣以掩袭显和阵后之奇兵，实仍为马军，而追擒屈突通诸将所领又是精骑也。

同书卷五九《屈突通传》（《新唐书》卷八九同）：

（屈突）通又令显和夜袭文静，诘朝大战，义军不利。显和纵兵破二栅，惟文静一栅独存。显和兵复入栅而战者往覆数焉。文静为流矢所中，义军气夺，垂至于败。显和以兵疲，传餐而食，文静因得分兵以实二栅。又有游军数百骑自南山来击其背，三栅之兵复大呼而出，表里齐奋，显和军溃，仅以身免，悉虏其众。（略）（通）留显和镇潼关，率兵东下，将趋洛阳。通适进路，而显和降于刘文静。遣副将窦琮、段志玄等率精骑与显和追之，及于稠桑。（略）遂擒通送于长安。

笺案：两唐书《屈突通传》云通“将自武关趋蓝田，以赴长安”，似太迂缓，疑不可信，司马光于其《通鉴考异》中已驳正之，今姑不论。此役屈突通仍施夜袭之故智，败厥初之胜绩。而刘文静亦仿精骑掩袭之旧事，收最后之成果。其前后胜负之形势，殆与饮马泉之役无不相同，是则骑兵之重要性既由此而益明，而唐将之善于运用精骑出诸敌人阵后以反击之战术不独太宗一人为然。斯又足与饮马泉一役并为其例证矣。

复次，良马既以奔驰急速为其特点，故其性能更宜于追击，屈突通之成擒，即由唐将以精骑追之也。

六　浅水原与薛氏父子之战

隋大业十三年岁末与唐武德元年之时，割据关东之李密、王世充、宇文化及等方迭相攻战于都畿，均无力西入。而唐室正致力于河陇之平辑，亦未追东讨。其时与唐军争竞最烈者，乃拥有陇右之薛举、薛仁杲父子。

唐、秦角逐于关陇战役至夥，而大会战凡二。二次大会战之地点皆在唐邠州宜禄县，即今陕西长武县所在之浅水原（据《元和郡县图志》卷三关内道邠州宜禄县条）。其时间，则前一战役在武德元年七月，后一战役在同年十一月。其结果，则前一战薛举大胜，唐军伤亡过半；后一战则唐太宗大胜，薛仁杲败灭。兹节所论，仅限此二战役。

在证述两军所用战术之前，先一考察薛氏所据地域之环境与其将士之族类，借明其武力之依据焉。

《隋书》卷二八《百官志下》：

> 陇右牧，置总监、副监、丞，以统诸牧。其骅骝牧及二十四军马牧，每牧置仪同及尉、大都督、帅都督等员。驴骡牧，置帅都督及尉。原州羊牧，置大都督并尉。原州驼牛牧，置尉。

《旧唐书》卷五九《屈突通传》：

> 开皇中，为亲卫大都督，文帝遣通往陇西检覆群牧，得隐藏马二万余匹。文帝盛怒，将斩太仆卿慕容悉达及诸监官千五百人。

案薛氏尽有陇西之地，而陇右适为隋代官马放牧之主要场所，宜乎其军中多有精骑。《旧唐书·太宗纪》云，太宗于破灭薛仁杲后“获贼精骑甚众”，可以为证也。

至其精骑之来源，实系掠自官牧。《通鉴》卷一八三义宁元年夏四月癸未条云：

（薛举）以仁杲为齐公，少子仁越为晋公，招集群盗，掠官发马。

《新唐书》卷八六《薛举传》：

更招附余盗，剽马牧。兵锋锐甚。

《通鉴》卷一八六武德元年十月己酉条：

世民曰："罗睺所将皆陇外之人，将骁卒悍。"

案《汉书·地理志下》云：

天水、陇西……及安定、北地、上郡、西河，皆迫近戎狄，修习战备，高上气力，以射猎为先。（略）汉兴，六郡良家子选给羽林、期门，以材力为官，名将多出焉。（略）故此数郡，民俗质木，不耻寇盗。

《隋书》卷二九《地理志上》云：

> 安定、北地、上郡、陇西、天水、金城，于古为六郡之地，其人性犹质直。然尚俭约，习仁义，勤于稼穑，多畜牧，无复寇盗矣。

以二书校而观之，可知当隋、唐之际，陇西一带人民之经济生活为稼穑畜牧，其风习亦崇尚仁义，非复西汉时射猎为先，不耻寇盗之旧矣。然自东汉而还，其地迫近戎狄之环境即未有变更，而更益以政治性与自然之民族迁徙，仍为一汉胡杂处之区，则陇外之人（唐室时据有陇城以东，故以陇西为陇外）犹存高上气力之风乃极自然之理，太宗之言要必为实况也。

复次，薛氏所据有之陇右，既多有羌胡杂处，故其军中颇有胡兵，而其所任用之骁将实亦不乏羌胡焉。《元和郡县图志》卷三关内道邠州宜禄县浅水原条云："会（薛）举死，子仁杲统其众并羌胡十余万数来挑战。"案羌胡之久居于陇右者，其人虽不免于渐染汉化，然亦必有一部分未改其俗。以中国中古人重视文化尤甚于血统一点测之，大概汉化日久之人即不复被目为异类。则此谓羌胡必仍保存其部落之遗制也。

据《旧唐书·薛举传》，“羌首（《通鉴》作酋，意尤明确）钟利俗拥兵二万在岷山界，尽以众降举，兵遂大振”事，似钟利俗所领即为其部落羌兵。此辈骁勇善战，故举得之而声势大振，又《通鉴》卷一八六武德元年十二月乙酉条（参《旧唐书》卷一九三《魏衡妻王氏传》，《新唐书》卷八六《薛举传》）云：“初，羌豪旁企地以所部附薛举。”是旁企地之部众亦为羌人部落也。夫钟利俗所拥之兵众至二万，固当为薛氏父子所借重，而旁企地者，据《新唐书·薛举传》：“企地，羌豪也，举父子信倚之。”实亦薛氏父子所信倚。至其他骁将，虽以史文不备，未能一一确知其族类，但据其姓氏，亦有可推而得之者，若钟俱仇。《旧唐书·薛举传附子仁杲传》（新传同）：“仁杲妹夫伪左仆射钟俱仇以河州归国。”同书卷六一《窦轨传》（新传同）：“会赤排羌作乱，与薛举叛将钟俱仇同寇汉中。”据《后汉书》卷一一七《西羌传》云，“自爰剑后，子孙支分凡百五十种。（略）其八十九种，唯钟最强”，则明隋、唐之际陇右之钟氏，乃后汉时钟羌之苗裔，此钟氏特为强大，故对于汉化之抵抗力亦强，因而历数百年之久犹能保有部落之特质，如前引钟利俗之事，即其例也。俱仇之氏为钟，而又与赤排羌殊有关联，其与钟利俗同为羌族，断可知矣。

总之，陇西地宜放牧，故饶良马；人杂羌胡，故多猛将。薛氏崛起于此，掠官牧以资攻战，收羌胡任以腹心，其军威足以与唐相抗也。

此时唐军方面，亦有可言者。《张说之文集》卷一二《陇右监牧颂德碑》云：

> 大唐接周隋乱离之后，承天下征战之弊，鸠括残烬，得牝牡三千，从赤岸泽徙之陇右。

《元和郡县图志》卷三关内道原州平高县监牧条云：

> 贞观中自京师东赤岸泽移马牧于秦、渭二州之北，会州之南，兰州狄道县之西。

《周书》卷七《宣帝纪》云：

> （大象二年三月辛卯）行幸同州，（略）至于赤岸泽。

案除陇右牧监外，同州赤岸泽亦为隋代官牧之主要所在。赤岸泽官牧，即知名之沙宛监。张说之所谓“牝牡三千”者，据《诗经·国风·鄘风·定之方中》中有“骒牝三千”之句，疑是用典，而非指实数也。至《通典》卷二五《职官典》太仆卿条原注云，“贞观初仅有牧牝三千匹，从赤岸泽徙之陇右”。《新唐书》卷五〇《兵志》云：“唐之初起……又得隋马三千于赤岸泽，徙之陇右。”盖君卿、永叔皆取燕公之文，而不免误会其意，《杜工部草堂诗笺》八《沙苑行》云：“苑中骒牝三千匹，丰草青青寒不死。”叶梦弼会笺云：“唐贞观中仅有牧牝三千匹，从赤岸泽徙之陇右，命张万岁为监牧。《诗·定之方中》‘骒牝三千’，毛传‘马七尺以上曰骒’。骒马与牝马也。”尤足以与此说相参证也。

复次，隋末乱离，官马多为“群盗”所掠，其相互攻战之损耗自不在少。但唐师之关中，“群盗”望风款附，官马之辗转以入唐军之手者为数亦众。如《旧唐书》卷五九《丘和传》云，丘行恭于胁降全部平凉“奴贼”前，即已得其千余骑之归附，则关中“群盗”之多拥马匹，举此亦可约略概见其余矣。

《通典》卷一九七《突厥上》云：

时薛举犹据陇右，遣其将宗罗睺攻陷平凉郡，北与颉利结连。高祖遣光禄卿宇文歆赍金帛以赂颉利。歆说之令与薛举绝。初隋五原太守张长逊因乱以其所部五城隶于突厥，歆又说颉利遣长逊入朝，以五原地归于我。颉利并从之。因发突厥兵及长逊之众，并会于太宗军所。

案李唐创业之时，其与群雄及突厥之纵横捭阖，见《唐室之克定关中》文。此可注意者，即唐军再度获得突厥之助力是也。秦、唐双方竞连突厥，然薛举之谋不售，高祖之计得行。颉利既以五原之地归唐，又遣突厥兵与张长逊之众会于太宗军所。突厥之来必与马俱，是则唐军之中又多一支生力精骑矣。

秦、唐两军武力之背景既略阐明，然后战役之胜负始易于介释。《旧唐书·薛举传》（新传同）：

武德元年，丰州总管张长逊进击宗罗睺，举悉众来援，军屯高墌。（略）太宗又率众击之，军次高墌城。（略）未及与战，会太宗不豫，行军长史刘文静、殷开山请观兵于高墌西南，恃众不设备，为举兵掩乘其后。太宗闻之，知其必败，遽与书责之。未至，两军合战，竟为举所败，死者十五六。

案此武德元年七月壬子事也，战地在浅水原（见《通鉴》）。此时太宗果病，抑为史官掩饰太宗之失机，今既莫可考知，要亦不足深论。据此条刘文静“恃众不设备”一语，可知唐军之众，力必不下于秦军。然唐军竟遭挫败者，乃由其阵后为薛举之兵所掩乘也。薛举掩击之兵史虽未明言其种类，但以秦军中拥有精骑及利用此种战术所应具备之条件测之，殆非骑兵莫属。然则太宗所自负自夸出诸敌人阵后以反击之战术，有时亦竟败于其敌人利用此种战术矣。而其敌人若非军中拥有精骑如起自陇右之薛举者，则固不能为此也。

《旧唐书·薛举传附子仁杲传》：

> 举死，仁杲立于折墌城，与诸将帅素多有隙，及嗣位，众咸猜惧。郝瑗哭举悲思，因病不起，自此兵势日衰。

《旧唐书·太宗纪上》（新纪同）：

> 太宗又为元帅以击仁杲，相持于折墌城，深沟高垒者六十余日。贼众十余万，兵锋甚锐，数来挑战，太宗按甲以挫之。贼粮尽，其将牟君才、梁胡郎来降。太宗谓诸将军曰：“彼气衰矣，吾当取之。”遣将军庞玉先阵于浅水原南以诱之，贼将宗罗睺并军来拒，玉军几败。既而太宗亲御大军，奄自原北，出其不意。罗睺望见，复回师相拒。

太宗将骁骑数十入贼阵，于是王师表里齐奋，罗睺大溃，斩首数千级，投涧谷而死者不可胜计。太宗率左右二十余骑追奔，直趣折墌以乘之。仁杲大惧，婴城自守。将夕，大军继至，四面合围。诘朝，仁杲请降，俘其精兵万余人，男女五万口。

案此武德元年十一月戊申、己酉二日事也。太宗与宗罗睺相持于高墌城越六十余日始一决战者，盖以秦军虽以薛举卒、郝瑗死而日弱，然兵锋仍锐，精骑犹多。若不待其师老气衰，粮尽众离之迹象彰明而击之，则以新败之士卒当乘胜之劲敌，殊不易收功也。此役两军战于浅水原南，而太宗引大军“奄自原北”，易言之，即仍是绕袭敌后之战术。所谓大军者似亦包括步兵在内，唯冲入敌阵以收表里奋击之效，固非骁骑莫能为之。又据太宗之言，知宗罗睺虽破，然未大溃，太宗乃以精骑急蹑，使其所部不能还走折墌而散归陇外。薛仁杲居折墌殆专恃宗罗睺以为捍蔽，及唐军既击溃其主力，虽以仁杲之骁勇，亦不能抵御矣。然则唐军之终于竟胜，虽由于军粮供应之较优，实亦以太宗之妙善运用精骑也。

七　李密霸业之失败

（此节主论李密骑兵减弱及其受李唐之影响）

隋大业十三年七月，李渊发兵于晋阳之时，即与李密通书连和。至次年即武德元年九月，李密为王世充所破，十月遂率众降唐。在此期间，除唐军曾在东都城下与李密军小有接触外（事在武德元年四月），两军并未正式交战。然而李密军势之盛衰，实系于其军中骑兵之强弱，而其骑兵之减弱，又深受唐军克定关中之影响。凡此均足以佐证本章之主旨，故特辟一节以论其事。

《旧唐书》卷六七《李勣传》（《新唐书》卷九三同）云：

> （徐世勣谓翟让曰）“且宋、郑两郡，地管御河，商旅往还，船乘不绝，就彼邀截，足以自相资助。”让然之，于是劫公私船取物，兵众大振。

《起居注》卷二云：

让所部兵，并齐济间渔猎之手，善用长枪。华骝、龙厩、细马所向江都者，多为让所劫，故其兵锐于他贼。

笺案：宋、郑之境为汴水所经流，当两京与江都交通之要道，翟让用徐世勣之计南向劫掠此区，不仅钞商旅以败富厚，且更夺战马以壮军威，故让之军力遂无敌于关东。李密因之，竟几成其霸业。温大雅撰史特指出翟让军中良马之来源，并以“让所部兵，并齐济间渔猎之手”及劫掠“华骝、龙厩、细马”解释“其兵锐于他贼”之故，可谓有识。而《隋书》及两唐书诸纪传均未采用，惜哉！

《通鉴》卷一八四恭帝义宁元年：

七月，炀帝遣江都通守王世充将江、淮劲卒，将军王隆帅邛黄蛮，河北大使太常少卿韦霁、河南大使虎牙郎将王辩等各帅所领同赴东都，相知讨李密。（略）（九月）己未，越王侗使虎贲郎将刘长恭等帅留守兵，庞玉等帅偃师兵，与世充等合十余万众，击李密于洛口，与密夹洛水相守。

《新唐书》卷八四《李密传》：

炀帝遣王世充选卒十万击密，世充营洛西，战不利，更陈洛北，登山以望洛口。密引度洛，与世充战。密兵多骑与长槊，而北薄山，地隘骑迮不得骋；世充多短兵盾䅟，蹙之，密军却，世充乘胜进攻密月城。密还洛南，引而西，突世充营，世充奔还，师徒多丧。

《通典》卷一五八《兵典》攻其必救条：

隋末，王世充与李密相持于东都，充夜渡，阵于洛水之北。其时密亦渡洛水陈兵，与充相对，东接月城，西至石窟。密兵多马骑长枪，宜平宽放纵，充兵多戈矛排䅟，宜险隘。然南逼洛水，北限大山，地形褊促，骑不成列。充纵排䅟蹙之，密军失利。密与数骑登船南济，自余兵马皆东走月城。充乘胜长驱，直至月城下。密既渡南岸，即策马西上，直向充本营，左右麾旌，相继而至。充营内见密兵来逼，急连举六烽，充乃舍月城之围，收兵西退，自洛北达于黑石，中间四十余里，奔北狼狈，大丧师徒。

筬案：李密军中多骑，世充军中多步卒，如《新唐书·李密传》所记“世充营洛西战不利”者实为通常情形，盖步兵非骑兵之敌也。在大业十三年十月癸卯之战中，王世充虽利用洛北南临水、北薄山之险隘地形，使李密之骑兵迮不得驰，以盾矟致初战之幸胜，而李密迅即以精骑还渡洛南，策马直趣王世充之本营，使世充之步卒狼狈自救，终借马矟致后来之战果。夫王世充之兵以江淮劲卒为主体，此辈即指今淮北、淮徐地域之人，亦即南朝史乘中所谓淮南或江西之楚子，固南朝恃以保持偏安局面之斗兵，而刘裕、萧道成所资以攫取大宝之勇士（详陈寅恪《魏书司马睿传江东氏族条释证及推论》，载《历史语言研究所集刊》第十一本，及周一良《南朝境内各种人及政府对待之政策》，载同刊第七本四分册）。以健锐善战而言，恐较之齐济间渔猎之手未肯多让，而王世充夙以权谲著闻，以用兵计智而言，亦不必出诸李密之下，然而王世充初时屡为李密所败，殆以江淮之剽勇虽能出入如飞（见下引），但其威力终不免逊于龙厩之细马往来驰骤也。

《隋书》卷七〇《李密传》（《旧唐书》卷五三、《新唐书》卷八四同）：

会世充悉众来决战，密留王伯当守金墉，自引精兵就偃师，北阻邙山以待之。世充军至，令数百骑渡御河，密遣裴行俨率众逆之。会日暮，暂交而退，行俨、孙长乐、程齩金等骁将十数人皆遇重创，密甚恶之。世充夜潜济师，诘朝而阵，密方觉之，狼狈出战，于是败绩，与万余人驰向洛口。

笺案：李密于隋大业十三年之秋冬与唐武德元年之初，叠败王世充；自武德元年四月至七月又大破宇文化及，然至武德元年九月之时，竟以乘胜之余威而不足抗敌伤残之徒众，一战而丧败于偃师，再败而披靡于洛口，终至策名唐室，委质关中，其故实深可玩味。

《通鉴》卷一八五武德元年七月条（《隋书》卷七〇、《旧唐书》卷五三、《新唐书》卷八四《李密传》略同）云：

（宇文化及）将陈智略帅岭南骁果万余人，樊文超帅江淮排穳，张童儿帅江东骁果数千人，皆降于密。

《隋书》卷八五《王充传》（《通典》卷一五五《兵典》击其不备条，《旧唐书》卷五四、《新唐书》卷八五《王世充传》并同）云：

未几，李密破化及还，其劲兵良马多战死，士卒皆倦。

充欲乘其敝而击之。（略）充简练精勇，得二万余人，马千余，迁营于洛水南。密军偃师北山上。时密新得志于化及，有轻充之心，不设壁垒。充夜遣二百余骑潜入北山，伏溪谷中，令军秣马蓐食。既而宵济，人奔马驰，迟明而薄密。密出兵应之，阵未成列而两军合战，其伏兵蔽山而上，潜登北原，乘高下驰，压密营。营中乱，无能拒者，即入纵火。密军大惊而溃，降其将张童儿、陈智略，进下偃师。（略）兵次洛口，邴元真、郑虔象等举仓城以应之。密以数十骑遁逸，充悉收其众。

《新唐书》卷八四《李密传》载同上事云：

世充阴索貌类密者，使缚之。既两军接，埃雾嚣塞，世充军，江淮士，出入若飞，密兵心动。世充督众疾战，使牵类密者过阵，噪曰："获密矣！"士皆呼万岁，密军乱，遂溃。裴仁基、祖君彦皆为世充所擒，偃师劫郑颋叛归世充。密提众万余驰洛口，将入城，邴元真已输款世充，潜导其军。密知不发，期世充度兵半洛水，掩击之。候骑不时觉，比出，世充绝河矣。即引骑遁武牢，元真遂降，众稍散。

笺案：王世充是时所率之卒仍以楚人为主．史称其剽勇健斗，固是事实，然前已用之，而不胜。又李密于大破宇文化及之后，又多得江淮降附之士，如樊文超所领者即是其例。此辈既与世充之兵同为淮徐之人，同用排䂎利器，同宜足相劲敌，可知李密致败之主因不在于此。至如《隋书》所记密有轻世充之心，而骄不设备者，则据《隋书》卷七〇《裴仁基传》中李密云“东都兵马有三不可当，器械精一也，决计而来二也，食尽求斗三也”，似李密已预知世充之来必当奋死确斗，早蓄有戒备之心矣。又此点仅可解释李密一时之失利，并不足以构成其一蹶不振之一主要原因，故亦可以不辩。所谓“李密破化及还，其劲兵良马多战死”者，据《隋书》卷八五《宇文化及传》所记，宇文化及乃一庸暗愚顽之人，不足以成大事，然其兵既是从驾思归之骁果，其骑复是宿卫行在之十二卫武马，李密与之周旋，宜乎损伤过当也，夫中州非马牧之场，李密军中之战骑，乃由劫夺而来。自大业十三年十一月以后，关中之地已为唐室所占据，自无复有龙厩、细马送向江都之事，故密军之良马唯有耗减，无从补充，其威力之日衰亦无足为怪矣。若更以前引李密传之史文证之，洛口之役李密既以“候骑不时觉”而坐失待世充之兵半济洛水然后击之之良机；其前一役即偃师北山之战，李密以“世充夜潜济师，诘朝而阵，密方觉之，狼狈出战”，因而致败之故，似亦由于候骑之不足。是则李密军中骑兵削减之程度，可以推知。而王世充以其保有一部之骑兵，竟能达成击敌不备，出奇制胜之战果者，亦可得一解释也。前此一年即大业十三年十月癸卯之一战，李密本借精骑之力以转败为胜，今则无以资其用，自难免一败涂地，不可收拾也。然则唐室与李密之间虽无直接战争，而唐高祖克定关中，遂断绝李密良马补充之来源，其影响及于东方盟主之崩溃者，实至深焉。

尤可注意者，李密因人成事，内部组织本已不坚（详《隋书·李密传》密对柴孝和语），及密戕杀翟让以后，而将帅之猜离乃愈益明朗，至此邴元真则潜引世充，单雄信则勒兵自据（并详《通鉴》卷一八六武德元年九月李密既杀翟让，颇自骄矜条），盖此辈皆翟让之徒党也。夫内部分裂之影响可败兵势衰顿，而战争失利之刺激尤可使裂痕离破，此二者互为因果，李密自唯有降唐一途矣。至如《旧唐书·李密传》史臣曰：“及偃师失律，犹存麾下数万众，苟去猜忌，疾趣黎阳，任世勣为将臣，信魏徵为谋主，成败之势，或未可知。”则李勣本是翟让死党，李密安敢依之以自保，况其兵力已不足图王定霸，史臣之空文恐未必即为长策也。

八　刘武周之败溃

河西者，实亦古昔良马之渊薮，观于《汉书》卷二八下《地理志》有“故凉州之畜，为天下饶”之言，及《晋书》卷八六《张轨传》“凉州大马，横行天下”之歌可知也。《唐六典》卷三户部郎中员外郎条载有天下十道贡赋，其贡野马皮者，有关内道之灵州、丰州，河北道之安东单于，陇右道之甘、肃、瓜、凉、鄯等州。《通典》卷六《食货典》赋税条下载有天下诸郡每年常贡，其贡野马皮者，有九原郡（丰州），贡野马胯皮二十一片；单于都护府，贡生野马胯皮总十二片；安北都护府，贡生野马胯皮二十一片；武威郡（凉州），贡野马皮五张；晋昌郡（瓜州），贡野马皮；酒泉郡（肃州），贡野马皮两张；张掖郡（甘州），贡野马皮十张。《元和郡县图志》每州条下亦载有土贡，其贡野马皮者，有关内道之灵州、丰州，陇右道之兰州、凉州、甘州、肃州和沙州。诸书所记，皆玄宗时之制，是则河西之地，武威、酒泉、张掖、敦煌、晋昌诸郡，直至唐中叶，犹以野马为其土之特产。而《旧唐书》卷一三二《李抱玉传》（《新唐书》卷一三八同）：“李抱玉，武德功臣安兴贵之裔（笺案，据《新唐书》卷七五下《宰相世系表》武威李氏表及《金石萃编》卷一〇三《李抱真德政碑》，知抱玉实兴贵三世孙，新传作兴贵曾孙误），代居河西，善养名马，为时所称。”斯又唐代河西多有名马之一例证也。唐自武德二年四月平河西灭李轨后，其军中精骑之补充，乃又可得一来源矣。

《新唐书》卷八八《赵文恪传》（《旧唐书》卷五七同）：

> 武德二年，擢都水监，封新兴郡公。时中国经大乱，马耗，会突厥讲和，诏文恪至并州，与齐王诱市边马以备边。

笺案：李元吉、赵文恪诱市蕃马之时间特与突厥、唐高祖及刘武周间之外交关系有关，其事俟于下篇论之。兹所欲言者，唐高祖于克定关中，削平陇右，尽得隋代主要监牧以后，犹继续市购突厥之马，则其重视战骑，盖可想见矣。

《旧唐书》卷二《太宗纪上》（新纪同）载：

> 宋金刚之陷浍州也，兵锋甚锐。高祖以王行本尚据蒲州，吕崇茂反于夏县，晋、浍二州相继陷没，关中震骇，乃手敕曰：“贼势如此，难与争锋，宜弃河东之地，谨守关西而

已。”太宗上表曰：“太原王业所基，国之根本，河东殷实，京邑所资。若举而弃之，臣窃愤恨。愿假精兵三万，必能平殄武周，克服汾、晋。”高祖于是悉发关中兵以益之。

笺案：刘武周据晋北数郡之地，于武德二年初始与唐室为敌，五月以后南下益亟，六月陷介州、石州（《新唐书·高祖纪》），九月陷并州（《旧唐书·高祖纪》），十月陷晋州、浍州（《旧唐书·刘武周传》、《通鉴》卷一八七、《旧唐书·高祖纪》）。至此，临汾以北除浩州外，城镇皆为所略夺（《通鉴》卷一八七武德二年九月裴寂至介休条），临汾以南如浍州及其属县亦入其掌握（《旧唐书·刘武周传》，《通鉴》同上条），而夏县之吕崇茂、蒲州之王行本则与之相应。裴寂用足以破敌之兵力而不能保据度索原，元吉以强兵数万而不能固守太原（事并在武德二年九月，详《旧唐书》卷五七《裴寂传》、卷六四《元吉传》），唐之大将若姜宝谊、李仲文则一时被擒于介休（《通鉴》卷一八七武德二年六月丁未条及考异），若刘政会、刘弘基则分别见擒于并、晋（《旧唐书》卷五八《刘政会传》《刘弘基传》）。刘武周兵锋之劲锐如此，宜关中为之震骇也。至高祖尽弃河东之地，而太宗谏阻之事，是否为史臣妄诬高祖、虚美太宗之辞，今则不易考知也。

《旧唐书》卷五五《刘武周传》(《新唐书》卷八六同):

> 突厥立武周为定杨可汗,遗以狼头纛。因僭称皇帝。(略)武周授金刚西南道大行台,令率兵二万人侵并州,军黄蛇镇。又引突厥之众,兵锋甚盛,袭破榆次县,进陷介州。

同书卷六二《李纲传》(《新唐书》卷七九、《旧唐书》卷六四《元吉传》同):

> 刘武周率五千骑至黄蛇岭,元吉遣车骑将军张达以步卒百人先尝之。达以步卒少,固请不行。元吉强遣之,至则尽没于贼。

篯案:刘武周起自马邑,与突厥为邻,称臣始毕,受可汗之号,实突厥之傀儡或附庸也。其大举寇扰既与处罗相表里,故突厥资之以马,助之以兵,宜乎其军中战骑特多,而裴寂、元吉、姜宝谊、刘弘基辈皆不能抗敌也。

《隋书》卷三〇《地理志》中:

长平、上党，人多重农桑，性尤朴直，盖少轻诈。（略）太原山川重复，实一都之会，本虽后齐别都，人物殷阜，然不甚机巧。俗与上党颇同，人性劲悍，习于戎马。离石、雁门、马邑、定襄、楼烦、涿郡、上谷、渔阳、北平、安乐、辽西，皆连接边郡，习尚与太原同俗，故自古言勇侠者，皆推幽、并云。然涿郡、太原，自前代以来，皆多文雅之士，虽俱曰边郡，然风教不为比也。

笺案：涿郡、太原较近内地，且宜于耕植，故皆为一都之会。自一方言之，其地虽人性劲悍，习于戎马，而自他方言之，则自古即“多文雅之士”，如范阳卢氏者，是北朝数百年来代表华夏文化之第一等高门，而太原温氏者，实亦唐代初期佐成灿烂文化之新兴名族。易言之，斯二地虽以民族迁徙之故，染有武勇之胡风，而以经济环境较优及汉化之历史背景殊久之故，犹得保存“文雅”之汉俗也。至若《隋书》此节所列之其他边郡，则位居塞上，迫近胡疆，既是高寒贫瘠之区，又为胡族往来之所，宜乎其地汉化甚浅，而胡化至深矣。刘武周所据之马邑、定襄、雁门诸郡皆属此类，故其部将多有胡人。兹略为证明如下。

《旧唐书》卷六八《尉迟敬德传》（《新唐书》卷八

九同）：

> 尉迟敬德，朔州善阳人。大业末，从军于高阳，讨捕群贼，以武勇称，累迁朝散大夫。刘武周起，以为偏将。

笺案：敬德籍隶朔州，即与武周实同乡里，揆以敬德与武周同起马邑，自极可信。而《文苑英华》卷九一一许敬宗撰《尉迟恭碑》云“敬德河南洛人”，则与史传颇有不同。考北魏孝文迁洛，用夏变夷，凡诸复姓多改单音，尉迟氏改为尉氏即其一例。若尉迟敬德之先世果为迁洛之代人，则宜以尉姓，如尉元诎（参陈毅《魏书官氏志疏证》），不应保存复姓矣，此其可疑者一。敬德之先世若果曾历仕魏、齐、周、隋，且曾为京师要职，则不应仍以云朔为本土，此可疑者二也。至敬德是何胡族，亦略可推测者。《晋书》卷一二五《乞伏国仁载记》：“结权死，子利那（应是国仁之曾祖）立，击鲜卑吐赖于乌树山，讨尉迟渴权于大非川。”《魏书》卷二《太祖纪》：“天兴六年春正月辛未，朔方尉迟部别帅率万余家内属，入居云中。”案尉迟部落之始见中国史籍者，本在湟中一地，其后有服属于拓跋魏者，则由朔方入居云中，是此一部落之迁徙乃由西而东者，固可推知也。且《周书》卷二一《尉迟迥传》（《北史》卷六二同）云："尉迟迥，字薄居罗，代人也，其先魏之别种，号尉迟部，因而姓焉。"《魏书》卷一一三《官氏志》云："西方尉迟氏后改为尉氏。"尉迟氏既为魏之别种，则其族类当与鲜卑有别；拓跋魏本为西部鲜卑（参《三国志·魏志》卷三〇《鲜卑传》注引《魏书》，《通鉴》卷七七魏纪景元二年鲜卑索头部大人拓跋力微始遣其子沙漠汗入贡条释推寅），而《魏书·官氏志》于尉迟部复以"西方"为言，又《通典》卷一九二《边防典》于阗国条云"今王姓尉迟"，然则中国之尉迟部殆即源出西域欤？

《旧唐书·刘武周传》（新传同）跋刘武周与同郡张万岁等斩马邑太守王仁恭起兵事。笺案，汉人中多有张姓，然张姓之居晋北者，实多胡人，如《北齐书》卷一九《张保洛传》云"代人也"，同书卷二〇《张琼传》云"代人也"，同书卷二五《张纂传》云"代郡平城人也"，皆可为例。所谓"代人"者，即指鲜卑或服属于鲜卑之部族而言（参周一良《领民酋长与六州都督》论张景略条，《历史语言研究所集刊》第二十本），张万岁为马邑人，傥亦其类欤？又张万岁降唐以后其事迹之可考者，见《张说之文集》卷一二《陇右监牧颂德碑》、《通鉴》卷二一二开元十三年张万岁掌国马条考异：《统纪》云"万岁三世典群牧，恩信行陇右"。马牧为唐初之要政，而唐帝专以委之张氏，岂不即以张万岁素以养马知名邪。夫豢马、相马，胡人之特长也，马邑亦非监牧之所在，而张氏乃以典掌牧政世其家，是不独可借以推知张万岁之种姓从业，亦可据见晋北一带之经济生活本同胡俗矣。

《旧唐书·刘武周传》（新传同）载，“贼将寻相又援王行本于蒲州”。篯案：寻姓之见于中国史籍者殆无所闻，寻相种姓之源出颇难确考。以昭武九姓中有火寻氏测之，岂寻相者亦西胡之族类邪，姑记此疑，以俟博证。

同上传载，“刘武周，河间景城人，父匡，徙家马邑。（略）武周骁勇善射，交通豪侠”。篯案，胡人之冒姓刘氏者众矣，刘武周之先世虽无从详考，然亦有出自胡族之嫌疑。据《魏书》卷四下《世祖纪下》：

> （太平真君五年）六月，北部民杀立义将军、衡阳公莫孤，率五千余落北走。追击于漠南，杀其渠帅，余徙居冀、相、定三州为营户。
>
> （七年）六月甲申，发定、冀、相三州兵二万人屯长安南山诸谷，以防越逸。

同书卷七上《高祖纪上》：

（延兴元年）冬十月丁亥，沃野、统万二镇敕勒叛。诏太尉、陇西王源贺追击，至枹罕，灭之，斩首三万余级；徙其遗迸于冀、定、相三州为营户。

同书卷七下《高祖纪下》：

（太和二十一年六月）壬戌，诏冀、定、瀛、相、济五州发卒二十万，将以南讨。

则知北魏之时往往徙叛胡于冀、定、相诸州之地，并以之为营户，由是河北一区遵为魏世精兵之所。刘武周先世即居于河间，即太和十一年以前定州之属郡，而武周复以骁勇善射著称，颇疑其本为营户之子孙也。

总之，在北朝前期恒朔一带本为未甚汉化之西部鲜卑统治政权之中心，西北各地之杂虏边戎移徙内居之区域，自孝文迁洛以后，斯土雏育之汉化既随之而遽衰，其保守之胡风亦愈形明显，及经正光孝昌之乱，胡流南流，并朔之间已悉为六镇之流民所寄居（参《魏书》卷一〇六上《地形志上》恒州以下诸条及《北齐书》卷一《神武纪上》），其以北诸州自宜为犷悍之族类所充塞矣。高齐之世北朔州控临边荒，号为重镇（参《北齐书》卷一二《范阳王绍义传》），北周、杨隋时，马邑一带犹是防御突厥之要地，是故晋北之胡人久居而不能革其雄武之风，其汉人亦随环境而多习戎马之务。尉迟敬德之擅长长矟冠绝时流，张万岁之典掌牧政著闻唐史，要皆与民族地域二端有关，而张氏特擅长养马，乃尤足代表当日晋北之习俗生活者也。然则刘武周本身所部率者，亦宜士马精强，其扬威汾并，要不仅由于突厥之助力也。

《通鉴》卷一八八武德三年四月丙辰条胡注云："秦王之破刘武周、宋金刚，与破薛仁杲、宗罗睺方略一也。"案刘武周起自边陲，将骁卒悍，拥大量之精骑，借战胜之余威，皆与薛氏如出一辙，此太宗所以运用同一方略破之也。

前分析浅水原太宗破薛、宗之役，其方略可约为二端，即一曰：坚壁不战，以挫敌锋，待其粮尽气馁而后击之。二曰：既胜之后，以精骑急蹑敌之主力，蹙之使疲，驱之使散是也。此时太宗之破刘武周、宋金刚亦不外此。略引史文以证释之。

关于第一事。

《通典》卷一五五《兵典》坚壁挫锐条（《旧唐书》卷六〇、《新唐书》卷七八《江夏王道宗传》并同）：

武德中，太宗率师往河东讨刘武周。（略）太宗登玉壁城睹贼，顾谓道宗曰：“贼恃其众来邀我战，汝谓何如？”对曰：“群贼锋不可当，易以计屈，难与力竞。今深壁高垒以挫其锋，乌合之徒莫能持久，粮运致竭，自当离散，可不战而擒。”太宗曰：“汝意见暗与我合。”后贼果食尽夜遁。

笺案：自武德二年十一月太宗率师自龙门渡河屯于柏壁，至次年四月宋金刚以馈运不继引兵北退，唐之大军坚壁而不与宋金刚交战者凡历时五月之久，较之浅水原一役唐、秦两军相持六十余日者，更有过之也。据此所引，则知太宗于渡河之始，即已蓄兵法所谓“敌饥俟其弊击之”与“坚壁挫锐”之计于胸矣。

《通鉴》卷一八八武德二年十一月：

时河东州县，俘掠之余，未有仓廪，人情恇扰，聚入城堡，征敛无所得，军中乏食。世民发教谕民，民闻世民为帅而来，莫不归附，自近及远，至者日多，然后渐收其粮食，军食以充。乃休兵秣马，唯令偏裨乘间抄掠，大军坚壁不战，由是贼势日衰。

筱案：河东于俘掠之余，其州县则未有仓廪，其人民则聚入城堡。太宗于渡河之初“征敛无所得”，谅宋金刚南下以后，当亦与相同，观此所引，则知唐太宗与宋金刚之大军虽坚壁不战，而其偏师对于粮秣之争夺则颇为激烈，史言太宗使“偏裨乘间抄掠”以弊敌军，盖即指抄掠粮秣而言也。

《元和郡县图志》卷一二河东道河中府绛州正平县条：“望，郭下……柏壁在县西南二十里。”同卷龙门县条：“望，东至州一百二十里……黄河北去县二十五里，即龙门口也。”

筱案：唐之大军驻屯柏壁，其地在汾水之下游，西距黄河不过百里之遥，越河而西即是三辅之所在，故唐军之饷馈殊无断绝之虞，且春季冰融之后，汾河、渭水均可转漕于此，知唐太宗之军粮供应较之宋金刚为优者，又不仅由于河东之民心归附也。

《通典》卷一五五《兵典》敌饥以持久弊之条（《旧唐书》卷二《太宗纪上》略同）：

> 刘武周据太原，使其将宋金刚屯于河东。太宗往征之，谓诸将曰：“金刚悬军千里，深入吾地，精兵骁将，皆在于此。武周自据太原，专倚金刚，以为捍蔽。金刚虽众，内实空虚，

虏掠为资，意在速战。我坚营蓄锐，以挫其锋，分兵汾、隰，冲其心腹。彼粮尽计穷，自当遁走。当待此机，未宜速战。”于是遣刘弘基等绝其粮道，其众遂馁，金刚乃遁。

《旧唐书》卷六二《李纲传》（《旧唐书》卷六四《元吉传》、《新唐书》卷九九《李纲传》同）：

并州遂陷，高祖怒甚，谓纲曰：“元吉幼小，未习时事，故遣窦诞、宇文歆辅之。强兵数万，食支十年，起义兴运之资，一朝而弃。”

笺案：唐代史臣往往过为夸张之辞，用彰元吉之恶。以此揆之，则“食支十年”之语似未可尽信，但高祖起兵之初裴寂曾进米九百万斛，取相参证，知晋阳仓廪充实，要为无可疑者。太原此时既为刘武周所据有，斯太宗必须绝其粮道也。唯《旧唐书》卷五八《刘弘基传》云，“从太宗屯于柏壁，率兵二千自隰州趋西河，断贼归路。时贼锋甚劲，弘基坚壁不能进”。虽史文不备，未能详考，然颇疑其事与《通典》所记太宗遣弘基等绝其粮道者实为一事。若尔则刘弘基似未能达成其任务，而宋金刚以粮断卒馁而引退者，亦必有别故矣。

《起居注》卷二：

（大业十三年）秋七月，壬子，以四郎元吉为太原郡守，留守晋阳宫，文武后事并委焉。义师欲西入关，移营于武德南。癸丑，将引，（略）是夕，次于清源。（略）壬寅，遣通议大夫张纶等，率师经略稽胡、离石、龙泉、文成等诸郡。丙辰，至于西河。（略）乙丑，张纶等下离石郡。（略）入自雀鼠谷，次于灵石县。壬戌，霖雨甚，顿营于贾胡堡，去霍邑五十余里。此县西北抗汾水，东拒霍太山，守险之冲，是为襟带。

《元和郡县图志》卷一三河东节度使管汾州介休县条：

雀鼠谷在县西十二里。

《通鉴》卷一八七：

（武德二年夏，四月）庚子（张达）引武周袭榆次，陷之。（略）丙辰，刘武周围并州，齐王元吉拒却之。戊午，诏太常卿李仲文将兵救并州。（略）（五月）丙戌，刘武周陷平遥。（略）（六月）武周以金刚为西南道大行台，使将兵三万寇并州。丁未，武周进逼介州，沙门道澄以佛幡缒之入城，遂陷介州；诏左武卫大将军姜宝谊、行军总管李仲文击之。武周将黄子英往来雀鼠谷，数以轻兵挑战，兵才接，子英阳不胜而走，如是再三，宝谊、仲文悉众逐之，伏兵发，唐兵大败，宝谊、仲文皆为所虏。既而俱逃归，上复使二人将兵击武周。（略）癸亥，以寂为晋州道行军总管，讨武周，听以便宜从事。（略）（九月）裴寂至介休，宋金刚据城拒之。寂军于度索原，营中饮涧水，金刚绝之，士卒渴乏。寂欲移营就水，金刚纵兵击之，寂军遂溃，失亡略尽，寂一日一夜驰至晋州。先是，刘武周屡遣兵攻西河，浩州刺史刘赡拒之，李仲文引兵就之，与共守西河。及裴寂败，自晋州以北城镇俱没，唯西河独存。（略）

刘武周进逼并州，齐王元吉绐其司马刘德威曰："卿以老弱守城，吾以强兵出战。"辛巳，元吉夜出兵，携其妻妾弃州奔还长安。元吉始去，武周兵已至城下，晋阳土豪薛深以城纳武周。（略）

武周据太原，遣宋金刚攻晋州，拔之，虏右骁卫大将军刘弘基，弘基逃归。金刚进逼绛州，陷龙门。

同上：

（武德二年七月）辛卯，宋金刚寇浩州，浃旬而退。

同书卷一八八：

（武德二年）十一月，已卯，刘武周寇浩州。

（武德三年）三月，乙丑，刘武周遣其将张万岁寇浩州，李仲文击走之，俘斩数千人。（略）甲申，行军副总管张纶败刘武周于浩州，俘斩千余人。

《元和郡县图志》卷一三河东节度使：

（汾州）皇朝初改为浩州，武德三年又改浩州为汾州。

（介休县）西北至州六十五里。

（平遥县）西北至州八十五里。

《旧唐书·刘武周传》：

初，武周引兵南侵，苑君璋说曰："（略）且并州已南，地形险阻，若悬军深入，恐后无所继。不如连和突厥，结援唐朝，南面称孤，足为上策。”武周不听，遣君璋守朔州，遂侵汾、晋。

筱案：太原与晋南之交通自灵石以北，凡有二线，其一线沿汾水之东侧，经榆次、平遥、介休诸县境以达灵石，斯即刘武周所采用者；另一线沿汾水西侧，经清源、西河，渡河以达灵石，斯即高祖所采用者。此二线东西相去甚近，而西线重镇之西河尤为军家所必争。观于《起居注》卷一，高祖于发引兵行以前有“辽山守株，未足为虑，西河绕山之路当吾行道，不得留之”之言，可知此刘武周所以屡寇浩州（即西河）也。夫太原以南山势险阻，刘武周已艰于军粮之运输，而西河一地终不能据有，则其交通线之西侧易受敌兵之袭击矣。

《新唐书》卷八六《刘武周传》：

武周攻李仲文于浩州，不胜；遣将黄子英护饷道。骠骑大将军张德政袭斩之，虏其众。武周部将稍离。金刚以粮道乏卒饥引去。

《旧唐书·刘武周传》：

武周复攻李仲文于浩州，频战皆败，又馈运不属，贼众大馁，于是金刚遂遁。

笺案：刘武周不能攻占西河，故太原与晋南之交通，其汾水西侧之一线无从利用，而汾水东侧之一线，亦大受威胁，此所以必须遣军护饷道也。及护饷之主将黄子英为张德政所袭斩，其军粮之损失必甚严重，宋金刚军“粮运致竭”，自不得不全师以退矣。张德政者，据《通鉴》卷一八八武德三年四月丙辰条，“金刚轻骑走，世民追之数十里，至张难堡。浩州行军总管樊伯通、张德政据堡自守，世民免胄示之，堡中喜噪且泣”，知其人即驻守之唐军将领。《通典》卷一四九《兵典》法制条云，“孙膑曰：用骑有十利。（略）五曰遮其粮食，绝其军道”。遮敌粮食，宜出偷袭，偷袭之要，在于急骤，此所以利于骑战也。以此揆之，岂张德政所用以袭斩黄子英者亦即骑兵欤？又刘弘基率兵趋西河时，宋金刚尚未引退，颇疑太宗分兵之本意实在袭敌粮道，而不在断其归路。《刘弘基传》“率骑邀之”之文，知弘基所部率者多有骑兵，是可与此说相参证者也。

关于第二事。

《通典》卷一六二《兵典》乘胜条：

金刚遁走，太宗追击，大破之，乘胜逐北，一日一夜行二百余里，转战数十合，士卒疲弊。至高壁岭，总管刘弘基执马而谏曰：“糇粮已竭，士卒疲顿，愿且停营，待兵粮咸集而后决战。”太宗曰：“功者，难成易败；机者，难得易失。金刚走到汾州，众心已沮。我及其未定，当乘其势击之，此破竹之义也。如更迟留，贼必生计。此失机之道。”遂策马而去，诸军乃进，莫敢以饥乏为辞，夜宿于雀鼠谷之西原。太宗不食二日，不解甲三日，军中苦饥。此夕唯有一羊，太宗抚将士，与之同食。三军感恩，皆饱而思奋。明日趋汾州，金刚列阵南北七里以抗官军。太宗遣总管李勣等当其北，翟长孙等当其南，亲御大军以临之。诸军战小却，为贼所乘。太宗率精骑三千直趋金刚，贼众大溃。

《旧唐书》卷二《太宗纪上》：

诸军战小却，为贼所乘。太宗率精骑击之，冲其阵后，贼众大败，追奔数十里。

《旧唐书·刘武周传》：

太宗复追及金刚于雀鼠谷，一日八战，皆破之，俘斩数万人，获辎重千余两。金刚走入介州，王师逼之。金刚尚有众二万，出其西门，背城而阵，太宗与诸将力战破之，金刚轻骑遁走。

笺案：唐太宗追击宋金刚之问题，首当注意者为时间与道里综合之推计。兹录《元和郡县图志》所记自柏壁至介休之里程如下。

卷一二河东道河中节度使管绛州条：东北至晋州一百四十里。

绛州正平县条：望郭，柏壁在县西南二十里。

晋州条：东北至汾州三百六十里（《通典》卷一七九《州郡》平阳县条作三百九十里）。

晋州霍邑县条：南至州一百五十里，武德元年废（霍山）郡复置吕州县属焉，贞观十七年废吕州县又隶晋州。

卷一三河东道河东节度使管汾州介休县条：西北至州六十五里，雀鼠谷在县西十二里。

汾州灵石县条：北至州一百二十里。

《通典》卷一七九《州郡》古冀州下条：灵石东南有高壁岭。据此可知，由南而北，柏壁至绛州为二十里，绛州至晋州一百四十里，晋州至霍邑一百五十里，霍邑至灵石九十里，而高壁岭在其间。灵石至介休约六十里，而雀鼠谷在其间（若依灵石至汾州一百二十里减介休至汾州六十五里，则得灵石至介休为五十五里，然灵石至汾州实不经介休，故灵石至介休应较五十五里为略远），此太宗追兵里程之大略也。

《旧唐书·刘武周传》载刘武周将尉迟敬德袭破李孝基营后，“还浍州”。据此，宋金刚之大军似集于浍州。浍州即翼城县，其地虽西南距绛州一百里（《元和郡县图志》卷一二），然大抵在州之东而略偏北，其与介休之距离约略与柏壁相等或稍近，唯相差要亦不出数十里。此宋金刚退兵道里之略可推知者也。宋金刚以丁未日自浍州退，至甲寅其部将寻相为太宗追及于吕州，以柏壁至霍邑之距离为三百一十里，而时间为七日，计之则唐军平均每日约行四十五里（疑宋金刚引退在夜，而唐军之追蹑在昼）。若寻相撤兵在前，且翼城与霍邑之距离又较柏壁为近，是其行军速度更缓于此矣。盖翼城附近之地形颇称险阻，而宋金刚全军引退，不独包括步兵，且有辎重，宜乎其行军之迟缓。至于唐军方面，则此时既未尝击破敌军，故追蹑之兵亦必为步骑全师，斯所以军行亦不能甚速也。四月甲寅太宗击败寻相于吕州，其追及宋金刚于雀鼠谷之日似应在乙卯。史文所谓一昼夜行二百余里者，据霍邑至灵石为九十里而高壁岭在其间观之，虽似有夸张之嫌，但甲寅一日太宗于追及寻相以前必先已行军若干里，而追及寻相以后，又复转战数十合，则其经历之里程自不能据通常某二地之空间距离为推测，是此说要亦与事实相去不远也。夫一昼夜间行二百里之遥，且须转战数十合，其劳剧自非步兵所能胜，然则太宗所率以追击者，殆其骑兵莫属焉。又刘弘基之谏阻太宗以“俟兵粮咸集”为言，岂不以太宗于击败寻相后，迳以精骑腾逐，以致大军在后耶。

复次，太宗与宋金刚介州城下之战，事在丙辰。其乙卯日之夜，唐大军是否已到达雀鼠谷殆不可知（霍邑至雀鼠谷约一百四十里，若不须迂回转战，则以二日之时间，步兵亦可到达）。唯需注意者，唐太宗所遣之将为李勣、程咬金、秦叔宝、翟长孙、秦武通诸人，其中程咬金、秦叔宝则旧属李密之骑将，翟长孙则旧属薛举之骑将，且此三人者降唐后并分领太宗之精骑玄甲兵，颇疑太宗于介州城下亦以骑兵为主力也。至于太宗率精骑三千出敌阵后，则又为唐将善用此种骑兵战术之一证。

唐太宗之拔擢山东微族与各集团人士之并进

高祖时的偏重任用关陇集团人士的政策，到太宗时便有了变化。

自武德九年六月庚申玄武门事变后，以太子总统事机起，至贞观二十三年五月己巳逝世止，太宗君临天下二十三年。在此期内，任宰相者二十八人。除裴寂、萧瑀、陈叔达、封德彝、杨恭仁、宇文士及六人是高祖时旧相外，其他二十二人是：高士廉、房玄龄、长孙无忌、杜淹、杜如晦、李靖、王珪、魏徵、温彦博、戴胄、侯君集、杨师道、刘洎、岑文本、李勣、张亮、马周、褚遂良、许敬宗、高季辅、张行成、崔仁师。

这些宰相中，山东人占了一半，凡十一人。这十一人的籍贯是：

高士廉　德州蓨县人

房玄龄　齐州临淄人

魏　徵　魏州曲城人　徙相州之内黄

温彦博　并州祁县人

戴　胄　相州安阳人

李　勣　滑州卫南人

张　亮　郑州荥阳人

马　周　博州茌平人

高季辅　德州蓨县人

张行成　定州义丰人

崔仁师　定州安喜人

进一步分析其家世，又可发现另一特点。这些人中绝大部分都出自卑贱或不显的家庭，最低的有出自畎亩的农夫，虽也有二流的门阀参与其间，但那只是极少数。试看：

高士廉　其家族源出渤海蓨县，是北魏有数的士族之一。[1]北齐的皇室是否即出自此族，颇可怀疑，但高欢却是把渤海高氏的这一房当作皇室对待的。[2]这样，他已经不是原来的士族，而是贵族了。所以当其于隋时进入关中以后，关陇集

① 《新唐书》卷七一下《宰相世系表》高氏表；《魏书》卷三二《高湖传》。

② 《北齐书》卷一三《清河王岳传》；《金石萃编》卷四八《高士廉碑》。

团中人也就乐于与之通婚，并且由于婚媾关系，遂被牵入关陇集团之中。这时，高士廉是太宗长孙皇后之舅。[①]

房玄龄　其族源出清河。在五胡十六国时期，他的祖先房谌随着南燕渡河迁居济南。[②]在其家谱上自说是后汉司空房植之后，是否可靠，不得而知。但是这迁居济南的房氏一族，从《魏书》上看，在北魏时代，家族却着实强大。玄龄的五世祖法寿，在《魏书》卷四三有专传，附有法寿子伯祖，伯祖子翼，伯祖弟叔祖，叔祖弟幼愍，法寿从父弟灵宾、灵建及灵建子宣明，灵宾从父弟坚，坚长子祖渊，祖渊弟祖皓，法寿从父弟伯玉，从祖弟崇吉，崇吉从父弟三益，三益子士隆，士隆弟士达及法寿族子景伯，景伯次弟景先，幼弟景远诸传。这就可以看出他们的显赫了。清河房氏本是山东崔卢李郑王七姓之下的高门，第二流有数的阀阅。这一房大概也很不弱，从法寿以后，玄龄的直系亲属也都是冠冕蝉联的。玄龄的高祖伯祖，袭其父法寿庄武侯爵，例降为伯，官至幽州辅国长史。曾祖翼，魏宋安太守，袭庄武伯。祖熊，清河、广川二郡太守。父彦谦，隋司隶刺史。[③]并且，玄龄和陇西李氏还有着亲戚关

① 《旧唐书》卷六五《高士廉传》。

② 《新唐书》卷七一下《宰相世系表》清河房氏表。

③ 《金石萃编》卷四二《房彦谦碑》。

系。太宗秦府十八学士之一的李玄道，是后魏陇西李宝的五世孙[①]，玄龄和李玄道便是堂房甥舅[②]。在太宗所用的山东宰相中，玄龄的家世大致是最高的。

魏徵　魏徵先世无从详考。在《魏书》和《北齐书》中皆无有关于他先世事迹的记载，只有李延寿所撰的《北史》卷五六有他父亲魏长贤的传。李延寿修《北史》约在贞观年间，其时魏徵正大蒙太宗宠信，故其叙事恐多溢美。其所言长贤即魏收族叔，似亦不可信。魏徵一家，照推测应是一小族。

温彦博　其先世事迹，在记载南北朝的史籍中亦无可考。彦博一族，世居太原之祁，据说和晋世知名的温峤原同一系：温峤也是祁人，他们间或许有疏属的关系。[③]不过，这一支在北朝并无名人，所以彦博一家，只能算小族。彦博祖父名裕，官至大中大夫[④]；父君攸，北齐文林馆学士，隋司隶从事[⑤]。所历官阶，倒都是清流。只是他这一族不华显，绝不能

---

① 《新唐书》卷七二上《宰相世系表》，陇西李氏姑臧大房表。

② 《通鉴》卷一九二唐太宗纪贞观元年九月辛未幽州都督王君廓谋叛道死条："长史李玄道，房玄龄从甥也。"而《旧唐书》卷七二《褚亮传附李玄道传》则云："房玄龄，即玄道之从甥也。"《新唐书》卷一〇五同。未识孰是。

③ 《新唐书》卷七二中《宰相世系表》温氏表。

④ 大中大夫，据《通典》卷三八《职官典》秩品条，魏齐皆班从三品。

⑤ 《旧唐书》卷六一《温大雅传》作君悠，《新唐书》卷七二中《宰相世系表》温氏表、卷九一《温大雅传》作君攸，未知孰是。

和崔卢李郑王及清河房张、渤海封高相比。那么既非寒贱，亦非高门，说它是小族，似乎较确。

戴胄　先世全无名迹，安阳戴氏亦非高门。新旧唐书本传皆未记其祖和父，只有《新唐书》卷七二中《宰相世系表》戴氏表上记其父景珍为后魏司州从事，自景珍以上，即只叙其姓族源流。那么戴胄乃系出自寒微，已无疑问。

李勣　本姓徐，李是高祖赐姓。新旧唐书本传上没有关于其先世仕宦的记载，只提到他家里着实富有，童仆甚众，囤积粮食常达数千钟之多，他和他父亲徐盖都是极慷慨的人物，拯济周给，不分亲疏，都一样看待。[①]但《新唐书》卷七五下《宰相世系表》徐氏高平北祖上房表所载他的家世，他这一族颇像南朝一个名家。这表大略如下：

他这一家是属于高平徐氏北祖上房的一支，世居曹州之离狐，隋末才徙居滑州的卫南。景初是宋尚书正员外郎，二子，弘师、弘道。弘师，字德令，南齐直阁舍人；弘道，字太玄，陈太常卿。弘师生琛，侍御史。琛生懋，梁荆州刺史。懋生元起、康。元起，字山立，隋濮阳太守；康，谯郡太守。元起生盖。盖，陵州刺史。弘道生珍，隋阁下舍人。

---

① 《新唐书》卷九三《李勣传》。

此表有两点极可疑：一、弘师、弘道乃是兄弟，弘师仕于南齐，弘道仕于陈。梁受齐禅在景明二年（501），陈受梁禅在天保七年（556），其前后相距最近亦达五十五年，这很不近情理。弘师的曾孙元起始仕于隋，弘道的儿子珍即在隋为官，更足以做这种不合理的佐证。二、表上所记自宋至陈，李勣的先世都是南朝大官，可是他的家庭，在隋以前却居于曹州的离狐。离狐属济阴郡，有很长的时间是隶属于北朝的统治疆域的，所以也不合事实。再说南朝的士族，我们就几乎没有见过居于南北接壤地区的，而离狐却正在南北交界的边境。至于李勣时住的滑州，那就完全属北而不属南了。根据这一有力论证，我们有理由来怀疑这谱系的不大可靠。

我们若再拿石刻的李勣碑所记他的先世来看，则可发现更多乖戾之处。李勣碑记其先世如下：

> 公名勣，字懋功，□州□□□□……祖康，齐伏波将军，谯郡太守，追赠济州刺史。父盖，散骑常侍，陵州刺史，上柱国，济阴郡王。[①]

对照一下，又有两点疑问：一、照碑，徐盖是康的儿子，

① 碑见《金石萃编》卷五九。

而照“新表”，则盖是元起的儿子。二、李勣的字是懋功，石刻当然不会错误，可是他的先辈却有名懋者。第一点尚可用刊刻错误解释，或是有承祧的关系；第二点则按南北朝隋唐时士大夫特别重视家讳的原则，实在是绝不可能的事。

因此，我们相信，李勣家虽殷富，地实寒微。大概在李勣成为唐的新贵以后，才利用他的政治势力来攀附高平北祖的名门，即行改录，以致家谱上留下这许多罅漏。

张亮　是一个农夫，靠军功发迹，他的先世自然不会有什么名位。《旧唐书》卷六九本传说他“素寒贱，以农为业”，《新唐书》卷九四本传也说他“起畎亩”，那么他家庭的寒微低贱，当然不用说了。

马周　其先世不见于新旧唐书本传，从前代史籍中亦无可考。《新唐书》卷七二下《宰相世系表》苏茌平马氏表记他的祖父是北齐茌平令暹，他的父亲是本郡（平原或清河）户曹从事瑗，自暹以上即无记录。暹和瑗虽皆任官，但县令和郡佐都非清要。《南部新书》丁卷载：“马周妻，卖䭔媪也。即媪引周为常何之客。”那么，他家世的寒微就更可想见了。因此，他在为太宗赏识以后，还曾因是寒士而遭关中郡姓韦挺的白眼。[①]

① 《旧唐书》卷七七《韦挺传》：“初，挺为大夫时，马周为监察御史，挺以周寒士，殊不礼之。”

高季辅　渤海蓨县的封、高，是齐名的望族，是山东七姓十家以下的第二流门阀。照《新唐书》卷七一下《宰相世系表》高氏表所载的谱系来看，高季辅的四世祖是高祐，魏光禄大夫，建康灵侯。二子，和璧、振。和璧是后魏中书博士。生颢，辅国将军；生德政，北齐左仆射，蓝田康公。振生石，后魏安德太守[①]；生衡，隋万年令；生冯，字季辅，相太宗、高宗。高祐《魏书》卷五七有专传，高德政更是北齐名臣，在《北齐书》卷三〇也有专传。但在《魏书·高祐传》上只载了和璧的一系，而没有提到关于振的事迹，这表上的谱系内容，是否含有附托的因素，也很难说。

张行成　中山义丰的张氏，不是知名的士族，行成的先世，并无名位。《新唐书》卷七二下《宰相世系表》中山张氏表只记他父亲名长谐，不曾说长谐做什么官，大概是不曾出仕。其所谓出自西汉张仓之后，自系伪托。行成之家，盖系卑微之寒族。

崔仁师　族系见《新唐书》卷七二下《宰相世系表》博陵安平崔氏表，是属于博陵安平房的一支。博陵崔氏是山东第一流的华显阀阅，可是仁师这一支着实破落得很。这一支派不但

---

① 表曰："振生石安、表。表，后魏安德太守。"今按邓名世《古今姓氏书辩证》："振生石，享安表，后魏安德太守。"此从邓书。

不得豫于七姓十家望族之列，而且全无名位。表上只记："钧字州平，（后冯）西河太守。十世孙昂。昂生仁师。"照这样看来，仁师纵使是崔州平之后裔，也已经是四百年来毫无名位之家的子弟了。虽然仁师的孙子湜自视门阀甚高①，但是他的家庭，充其量不过是一个高门之中的破落户罢了。

上面分析的结果，张亮的家门是最低的，本来是一个农夫。自此而上，魏徵、戴胄、马周、张行成的家门都甚为寒微。李勣的家门大概只是一个土豪，不像是一个代表文化的显阀。崔仁师的家庭充其量是一个高门的破落户。温彦博的祖或父，虽然历职较为清显，可是也不算是阀阅。门第比较好的只有房玄龄、高季辅，然若和七姓十家相比，终是小巫见大巫，何况高季辅一支的谱系，可信与否还有待考证。高士廉是北齐皇室之裔，出身自贵，但他和李唐皇室有了姻亲，已经与关陇集团发生关系，当然要算例外。山东高门人才极多，但太宗用了许多山东宰相，却没有一个是出身第一流名家。

再分析太宗时关中籍贯宰相的家世，就可知道他们多是贵族子弟，这和山东多出自寒微之家者，大有不同。太宗时关中的宰相有六人，他们的籍贯是：

---

① 《旧唐书》卷七四《崔仁师传附孙湜传》："每宴私之际，自比东晋王导、谢安之家。谓人曰：'吾之一门及出身历官，未尝不为第一。'"

长孙无忌　京兆长安人

杜　淹　京兆万年人

杜如晦　京兆万年人

李　靖　京兆三原人

侯君集　豳州三水人

杨师道　弘农华阴人[①]

他们的家世概况如下：

长孙无忌　是鲜卑人，大概和北魏皇室拓跋氏出于一源。原姓拔拔氏，在北魏孝文帝太和二十年改姓氏时，诏改为长孙氏。[②]无忌之高祖名冀归[③]，在北魏时曾受封上党王，官至太傅，后随西魏入关，长孙氏这支遂为关陇集团之贵族。曾祖名子裕，官至右武卫将军，封平原公；祖名兕，北周位至骠骑大将军，开府仪同三司，袭封平原县侯，官至绛州刺史；父名晟，隋时的右骁卫将军。[④]无忌的家世贵盛，所以在隋时就和

① 以上籍贯，长孙无忌据《旧唐书》卷五一《太宗文德长孙皇后传》，杜如晦据《贞观政要》卷二《论任贤》。

② 旧史多记长孙氏本拓拔氏所改，陈毅《魏书官氏志疏证》力辨其原为拔拔氏，引证甚详，其说似可信。

③ 冀归或作稚，盖鲜卑语之汉音异译。

④ 《新唐书》卷七二上《宰相世系表》长孙氏表；《魏书》卷二五《长孙道生传附冀归传》；《周书》卷二六《长孙绍远传附兕传》；《隋书》卷五一《长孙览传附炽传、晟传》。

西魏的八大柱国家的后裔李唐皇室结了亲，无忌的妹妹便是太宗的文德顺圣皇后。这样，他的家族就更加显赫了。

杜淹　杜如晦　杜淹和杜如晦是亲叔侄。如晦的父亲隋昌州司马吒，即是淹的长兄。这一族世居京兆杜陵，是关中郡姓之一。淹和如晦的先世，不知道为什么史文记载互相违戾，至于无法考订的程度，但是周隋之际的名人杜杲（果）即是如晦之祖（或是过继的），似可断言。杲在周曾为温州刺史，入隋为工部尚书，封义兴公。杲的上代，世次难考，但多仕刺史郡守，且为有封爵者，这一支可以说是世有冠冕的。①

李靖　虽不是陇西望族，却为西魏、北周贵臣的苗裔。曾祖权，西魏河、秦二州刺史，杜县公；祖崇义，北周广、和、复、硖、殷五州刺史，永康县公；父诠，隋赵郡太守，临汾公。②李靖的父系先代虽然在北朝史上未列传，但他的母系却大大有名。李靖的舅舅是韩擒虎，为隋时灭陈的名将。③韩擒虎之父即李靖外祖韩雄，亦是北魏名将，在周世封爵为新义郡

---

① 《新唐书》卷七二上《宰相世系表》杜氏表；《元和姓纂》卷六京兆杜氏；《周书》卷三九《杜杲传》；《旧唐书》卷六六、《新唐书》卷九六《杜如晦传》；钱大昕《廿二史考异》卷五〇《宰相世系表二上》杜氏；岑仲勉《元和姓纂四校记》卷六兄晔隋怀州刺史生吒淹条。

② 《新唐书》卷七二上《宰相世系表》陇西李氏丹阳房表。

③ 《旧唐书》卷六七《李靖传》；《隋书》卷五二《韩擒虎传》。

公，位至骠骑大将军，开府仪同三司。①

侯君集　起自行伍，完全以军功至高位。②但是他的先世也是北周贵臣。祖植，从西魏入关，战功卓著，至北周时位骠骑大将军，开府仪同三司，爵肥城郡公，《周书》有传。③父侏名。君集本是北边人，《周书》卷二九《侯植传》：

> 侯植，字仁干，上谷人也。燕散骑常侍龛之八世孙。高祖恕，魏北地郡守。子孙因家于北地之三水，遂为州郡冠族。

案植之籍贯称三水，果是数世传居，抑或为宇文氏施行关陇本位政策时所更改，虽不可知，然无论如何，北地、上谷，皆北边也。以是，侯氏乃以骑射世其家，故侯植以武艺绝伦有闻于周代，君集亦以才雄武勇著称于唐世。《新唐书》卷九四《侯君集传》谓"君集本以行伍奋，不知学"，《旧唐书》卷六九本传亦谓"君集出自行伍，素无学术"，大概就是这个缘故。

---

① 《周书》卷四三《韩雄传》。

② 《旧唐书》卷六九《侯君集传》。

③ 《新唐书》卷七二中《宰相世系表》侯氏表；《周书》卷二九《侯植传》。

杨师道　是杨恭仁的弟弟，由北周历隋至唐，都是很贵盛的。

从分析结果看，长孙无忌、杜淹、杜如晦、李靖、侯君集、杨师道六个关中宰相，全部是西魏、北周、杨隋之勋贵或大臣的后裔，并无例外。而且其中除去杜氏二相出自关中郡姓，世业文儒外，侯君集则是骑射世家，李靖之外家韩氏亦为周、隋将门，杨师道的祖父杨绍本以军功致显[①]，长孙无忌的父亲长孙晟复以善射驰名[②]。这时他们虽或以文事，如长孙无忌、杨师道，或以武功，如侯君集、李靖，致位宰相，然皆为名将之后。

岑文本、刘洎、王珪、褚遂良、许敬宗五人出自南朝系统，他们的家世情形大致如下：

王珪　是梁名将王僧辩的孙子。僧辩是武人，在南朝门第制度下，本来不承认这种门户有较高的地位。但是僧辩的官位却着实崇高，直做到尚书令及大司马领太子太傅、扬州牧，封永宁郡公。[③]侯景乱后，僧辩与陈霸先为敌，故其家不见容于

---

① 《周书》卷二九《杨绍传》："屡从征伐，力战有功。"

② 《隋书》卷五一《长孙览传附晟传》："善弹工射，趫捷过人……（使突厥）尝有二雕，飞而争肉，（摄图）因以两箭与晟曰：'请射取之。'晟乃弯弓驰往，遇雕相攫，遂一发而双贯焉。摄图喜，命诸子弟贵人皆相亲友，冀昵近之，以学弹射。"

③ 《南史》卷六三《王神念传附子僧辩传》。

南朝，僧辩诸子多随梁元帝居江陵。[1]江陵既陷，大部分徙居关中，一部分入齐。珪父颉是入齐的一个，做到竟陵郡守。[2]珪于隋世，亦随其叔居关中。[3]自僧辩后，珪之父叔多习文事，王頍尤以辞学知名，《隋书》以之入《文学传》中。

刘洎　其父祖不见于新旧唐书本传，只《新唐书》卷七一上《宰相世系表》南阳刘氏表记载着他是梁都官尚书之遴的曾孙。之遴在梁世以能文知名，南朝史籍中有传。[4]刘洎之先世久已自南阳徙居江陵，刘洎又曾仕于萧铣[5]，故其父、祖或曾仕于北周卵翼下立国之后梁，然其事无考。

岑文本　原为南阳棘阳人，自其祖善方仕于后梁，始徙江陵。善方是后梁的起部尚书，《周书·萧詧传》有其附传，史称其"博综经史"。文本父之象，是南时的邯郸令。[6]

褚遂良　其族是南朝侨姓名门，由河南阳翟渡江的一脉，

---

① 《南史》卷六三《王神念传附子僧辩传》；《隋书》卷七二《王颁传》、卷七六《王頍传》。

② 《南史》卷六三《王神念附子僧辩传》。

③ 《新唐书》卷七二中《宰相世系表》乌丸王氏表；卷九八《王珪传》。

④ 《南史》卷五〇《刘虬附子之遴传》。

⑤ 萧铣即后梁宣帝詧之曾孙，隋末起事，以江陵为根据地。

⑥ 《周书》卷四八《萧詧传附岑善方传》；《新唐书》卷一〇二《岑文本传》。

世世代代都历仕南朝清要之职，自其七世祖秀之以下，多有尚公主者：秀之之子湛之，初尚宋武帝女始安公主，后又尚宋武帝女吴郡公主。湛之子彦回，尚宋文帝女南郡公主。彦回弟澄，亦尚宋文帝女庐江公主。遂良之高祖名湮，梁中书侍郎；曾祖蒙，为太子舍人；祖玠，陈世为御史中丞；父亮，唐太宗为秦王时，居十八学士之一，亦唐初名臣，新旧唐书有传。[①]遂良的家族，名望是很高的。

许敬宗　是南朝侨姓高阳许氏的一支，居于杭州的新城。[②]曾祖懋，梁时曾为散骑常侍、太子中庶子，是一个长于撰述的人，以其博学，仆射江祏目之为“经史笥”。[③]祖亨，终于陈卫尉卿，《陈书》以之入《文学传》。[④]父善心，陈世官至通直散骑常侍，入隋曾为礼部侍郎。[⑤]敬宗之直系先世，卓著于南朝史籍中，且多以文学经史知名，其门第亦自甚高。

这五个宰相，大体说来，都是南朝名臣之后。其中岑、刘

---

① 《南史》卷二八《褚裕之传》；《新唐书》卷七二下《宰相世系表》褚氏表；《旧唐书》卷七二《褚亮传》。湮，《南史》作沄，新表作汉，此据新旧唐书《褚亮传》。蒙，新表作象，此据《南史》、旧传。

② 《旧唐书》卷八二《许敬宗传》。

③ 《梁书》卷四〇《许懋传》。

④ 见《陈书》卷三四。

⑤ 《隋书》卷五八《许善心传》。

二人家世较不华显，然岑文本父善方、刘洎曾祖之遴，亦见于史籍，与彼山东宰相之先世多不见经传者，固有所不同也。论其祖先，则多负文名，善方号“博涉经史”，之遴以能文知名。若褚遂良、许敬宗则出于南方侨姓王、谢、袁、萧以次的第二流名门，尤为具有文化传统之世家。王珪虽非世业儒素，但自其祖父僧辩之后，亦有以学问优长名于世者。此即其概况也。不过，侨姓甲门之王、谢，吴中郡姓之朱、张、顾、陆，则在贞观时无任相职者。

分析太宗朝宰相之籍贯家世既竟，请进而讨论太宗拔用山东微族，委任关中贵族和江南士族的背景。

江南宰相多出名家，且其祖先多能文学，其理甚为明显。盖自东晋南北朝以来，北人就常认江南为文化衣冠正统之所在，历经东晋、宋、齐、梁二百余年，士族子弟都以文学谈议相尚。此种风气，直至唐初，仍然保存。故出自南朝系统的人物，其祖先多能文学辞令，本来不是异事；而且唐初尚未建立一种舍去门阀荫籍的新制度，则江南宰相之多为前代名臣后裔，亦系常情。至如王、谢高门之不显于贞观，乃由于侯景乱后，如王、谢高门者已仅余孑遗，朱、张、顾、陆之不出宰相，乃由于久受侨姓之排挤，南风不竞，已非一日，此非太宗蓄意斥而弗用也。

关中宰相多出贵介，又多是将种，其理亦至昭然。盖关中南北朝时，本是文化衰落的地域，宇文泰所纠合的关陇集团，乃是胡汉糅杂，专尚武力的族阀，则其时之关中宰相，多为大将后裔，与李唐皇室之家世相吻合者，亦不足怪。

至于山东宰相，多出于寒微之家，这一点，大有讨论之必要。

在这些宰相中，如李勣，乃以武功致显，久随高祖、太宗扫荡群雄，卓著勋绩。若温彦博，则其兄大雅与高祖本有旧谊，彦博自身又有劝降罗艺之功。其他若房玄龄、魏徵、高季辅、张亮、戴胄诸人，或由文事，或由军功，或杖策从龙，或纳地归款，都是在隋末大乱、群雄蜂起的时候乘机奋出的，他们的进用，还不算十分稀奇。最特别的，如马周，以一介草茅，竟忽以代常何上书合旨之故，立蒙召见，而且未至之时，四度遣使催促，既谒见之后，又不次超升，当即亲重，这种情形，前世之论史者，久曾目为异宠。[①]如张行成，其蒙重用，连太宗自己也说："观古今用人，必因媒介，若行成者，朕自举之，无先容也。"[②]则似不容忽视。太宗何以这

① 《贞观政要》卷二《论任贤》马周条，及戈直《集论》引唐氏仲友语；《新唐书》卷九八《马周传》传论。

② 《旧唐书》卷七八《张行成传》。

样做？

第一步，我们先讨论太宗何以拔用许多山东人。

《旧唐书》卷六一《窦威传》曾记其少年时特别好文，而其家里人都尚武，居显官，而威则只做了正七品的秘书郎，故为其兄长讽刺，这使我们想到关陇集团的性质。这一个集团本是顺着北方边境的胡人对于北魏孝文帝汉化政策所起的反动潮流而产生的，这集团中的中心人物，原为没有受过文化洗礼的胡人，或是开倒车的胡化了的汉人。他们本都是能征惯战的将士，而不是懂得文学治道的儒生。在经过了西魏、北周、杨隋三代约一百年之久，他们的后代固然已经有一部分受了汉人文士很深的熏陶，同时也保存着他们尚武的旧俗，成为文武全才的人物，如唐太宗便是一个例子；更有一部分则已经放弃掉骑射的武俗，比如长孙无忌，他虽然也“兼文武两器”，但实际上评定下来，乃为一“博涉书史”，而“总兵攻城，非所善”者。[①]可是像窦氏兄弟的，也不在少数，他们不以讲学为意，而以骑射为事。这一集团的中心家族本来就不多，周、隋之际，虽然实际已屡经扩大，但是根基还不巩固，何况再加上西魏、北周、杨隋、李唐四代的禅夺纷争，又摧残了不少。所

① 《新唐书》卷一〇五《长孙无忌传》。

以，若专用这一集团的人物，而把这集团以外的人士概加摈弃，则必有人才不足的感觉。

原来，西魏、北周时代，宇文氏这个起于北边的胡族，为了制定各项制度，一方面固最需关陇集团中儒生像苏绰一样的人物合作，但另一方面也极欢迎关东士子如卢辩一流人物帮忙。到隋朝，虽然行使着压抑山东人士的政策，使“齐朝资荫，不复称叙，鼎贵高门，俱从九品释褐”[①]，可是在炀帝大业年间，却成了“朝廷之内，多山东人，而自作门户，更相剡荐，附下罔上，共为朋党”的局面，因而关中人韦云起就发出“不抑其端，必倾朝政”的呼声，而有“痛心扼腕，不能默已”[②]的感觉。

因为在历史上，山东有高度的文化传统，在这时，是人才荟萃的地方[③]，所以太宗擢用多数山东宰相。唐朝是统治了整个华夏江南，综合了北齐、北周、南陈，承接了杨隋的大帝国，为治理广大的地区计，为创建宏伟的系统计，人才的纠集自属极端重要。人才渊薮的山东，成为太宗广事搜罗的对象，

① 《金石萃编》卷四三《房彦谦碑》。

② 《旧唐书》卷七五《韦云起传》。

③ 《通鉴》卷一九〇唐高祖纪武德五年十二月壬申条考异引《太宗实录》“山东人物之所”。

自然是在情理之中的。

其次，太宗多用山东人为相，骨子里还有缓和山东人对唐室恶感的用意。

在隋末群雄并起时，雄踞山东的有李密、窦建德等，他们虽终于以兵力不敌归于失败，但绝不是没有能力的人，所以都很受山东人的拥戴。窦建德死后，刘黑闼、徐圆朗于武德四年七、八月间复起于山东[1]，黑闼是窦建德余党，圆朗是李密旧部[2]，他们在举事时，即以复用建德旧属之文武和师效建德之设法行政为号召，一时建德的旧臣故将如王琮、刘斌、范愿、董康买、高雅贤及其他文武，或加重用，或复本位。[3]这时山东人所表现的态度，是先有“兖、郓、陈、杞、伊、洛、曹、戴等八州豪猾皆杀其长吏以应”[4]圆朗，魏又有“山东豪杰多杀长吏以应黑闼，上下相猜，人益离怨”[5]。

唐室既系起兵于太原，而其后又以关中为根据地，其与山东人之间，自易发生隔阂。以故在唐初有变时，多用山东人去

---

① 《旧唐书》卷一《高祖纪》。

② 《旧唐书》卷五五《刘黑闼传附徐圆朗传》。

③ 《旧唐书》卷五五《刘黑闼传》。

④ 《旧唐书》卷五五《刘黑闼传附徐圆朗传》。

⑤ 《通鉴》卷一九〇唐高祖纪武德五年十二月甲子条。

安抚山东。在李密归降以后，唐所用的山东安抚大使是宗室淮安王神通，副使则崔民干。胡三省说："崔民干，山东望族，故使副神通以招抚诸郡县。"[①]这是极能洞烛隐微的。可是李密虽经降顺，而其部将徐勣仍据旧境，未曾纳地，于是随从李密入关的魏徵，又以山东人的资格，自请安辑山东，劝说徐勣归附。[②]此后高祖在武德二年四月又派了定州新乐人郎楚之去安抚山东。此郎楚之便是大业中以山东人在朝廷结党被韦云起劾告配流的那个人[③]，大概山东人很信服他[④]。凡此数例，都是以表现唐高祖尽量设法，让山东人感到相当满意。

在高祖晚年，隐太子和太宗明争暗斗时期，太宗和建成都有利用山东豪杰的计划。先发动的是建成一方面。建成是听了魏徵、王珪的劝告，谋得征讨刘黑闼行军元帅的位置，因而进行结纳山东英俊的。[⑤]后发动的是太宗一方面。太宗是在紧要关头，才派了郑州荥阳人张亮到洛阳，阴引山东豪杰以作为万一失败的退路基础的。[⑥]太宗这一方面发动得太晚，所以

---

① 《通鉴》卷一八六唐高祖纪武德元年十月庚辰条胡注。

② 《旧唐书》卷七一《魏徵传》。

③ 《旧唐书》卷七五《韦云起传》。

④ 《通鉴》卷一八七唐高祖纪武德二年四月甲辰条。

⑤ 《旧唐书》卷六四《高祖诸子传隐太子建成传》。

⑥ 《旧唐书》卷六九《张亮传》。

张亮出去，根本没有收到什么效果。建成、元吉这一方面，则在山东羽翼已就，在隐、巢被杀后，山东的形势又大为恶化起来。“是时，河北州县素事隐、巢者不自安，往往曹伏思乱。”[①]魏徵本来是山东人，原先曾在李密部下典掌过书记，又曾被窦建德俘虏过去，署用为太子舍人。归唐以后，劝说拥有大片山东土地的徐勣降唐的是他，建议建成在山东结纳豪杰的主谋者又是他，他和山东人必是保有着密切的联系。因此，聪明的太宗，在赦免了他赞助建成的罪状以后，就派他去安抚河北。他这次出来，果然不辱使命，当在路途上碰到了被逮捕的太子千牛李志安和齐王护军李思行时，他就自作主张地把他们贷宥。这样，山东人才觉得有了保障，山东便没有发生问题。太宗大喜，从此对魏徵更加信任。[②]这是魏徵报效太宗国士之知的第一声，也是魏徵更受太宗国士之遇的初径。

山东人对李唐皇室素无好感，对于太宗尤多嫌忌，而山东地区实为建都关中的李唐皇室经济上的生命线。唐初，财政上的收入，主要靠着租庸调，河北是当时蚕绵之乡，“天府委输，待以成绩”[③]。山东、河北户口之众，绝非其他各地所可

---

① 《旧唐书》卷七一《魏徵传》。

② 《旧唐书》卷七一《魏徵传》。

③ 《通鉴》卷一九〇唐高祖纪武德五年十二月壬申条考异引《太宗实录》。

比拟（四川除外）。[1]假如这一地区发生变乱，纵使能很轻易地把它平定，但是那加给朝廷的威胁，总是够大的。山东既有人才，这些人若不吸收擢用，便会成为促成变乱的因素。老谋深算的太宗，对于这一问题，当然是曾经有过斟酌的。

第二步，我们再讨论太宗何以在山东人之中，又喜欢提拔其微族。

首先，山东士族的甲门，如崔、卢、李、郑、王之类，虽说人才极多，但他们势力太大，地位太高，他们的声望，在一般人心目中，要远远凌驾于李唐皇室所隶属的关陇集团。太宗心里既对他们抱着歧视心理，那么山东人既不得不用，而山东望族的人士又不为太宗所乐用，自然就要拔擢山东微族的人才了。

其次，太宗不愿起用山东士族，还在事实上有所顾忌。从其对于翊赞功臣的秦府幕僚的权势也要加以压削来看，可知他对朝臣结党一事，是力谋防范的。而山东士族一则从五胡十六国以来，多为互相婚媾的关系，已自结为社会上一坚固的团体；再则自北魏孝文帝推行汉化后，又复习惯地盘踞着政治上的要津。此班人若一经进用，则朝廷上朋党胶固的现象，如郎楚之等在大业年间之所演者，当然在所难免。关于这情形，敏

---

① 《旧唐书》卷三八、卷三九《地理志》；《新唐书》卷三八、卷三九《地理志》。

锐的太宗，安得不有疑惮之理？至微族多孤立进取，无所凭依，此太宗所以独喜用之也。若从这一点来看，则魏徵之特承恩信，又复敢说敢言，就可以多得一重解释。若马周，则后之论者以为其才尚不及房、杜、王、魏，而太宗过度重视之故，也就可以奏刀騞然了。[①]

太宗之疑惮山东士族，既有隋大业时郎楚之一事悬为前鉴，我们若再引太宗以后之二例来看，则可知其非神经过敏。一件是高宗时选拔了李敬玄做宰相。李敬玄虽不是山东鼎盛高门，可是他既已显贵，又复久居选部，人士多想依附他。这样，他就和赵郡李氏合了谱，又前后三娶皆山东士族，于是台省要职，多是同族婚媾之家，高宗知而不悦。[②]另一件是玄宗很看重崔琳与卢从愿，屡次想用他们做宰相。崔琳是山东清河郡望崔逞的后裔，卢从愿是七姓十家之一的范阳卢子迁七世孙，玄宗以其族大，恐附丽者众，就始终没有让他们入政事堂。[③]

---

① 《新唐书》卷九八《马周传》传论；《贞观政要》卷二《论任贤》马周条，《集论》引唐氏仲友语。

② 《旧唐书》卷八一《李敬玄传》。

③ 李德裕：《次柳氏旧闻》。

唐太宗树立新门阀的意图

唐太宗在用人方面屡次提到唯才的政策。有以下七例：

一、太宗初即位，房玄龄向他申说秦府旧僚怨望，太宗回答说："今所以择贤才者，盖为求安百姓也。用人但问堪否，岂以新故异情？凡一面尚且相亲，况旧人而顿忘也！才若不堪，亦岂以旧人而先用？"①

二、贞观元年，有人请将秦府旧兵尽授武职，并追入宿卫。太宗答曰："唯有才行是任，岂以新旧为差？"②

三、贞观元年，太宗对戴胄言："今用玄龄、如晦，非为勋旧，以其有才故也。"③

四、贞观元年，太宗任杜正伦为兵部员外郎时说："朕

①② 《贞观政要》卷五《论公平》。

③ 《唐会要》卷五三《委任》。

今令举行能之人……朕于宗亲以及勋旧无行能者，终不任之。”①

五、贞观七年，册长孙无忌为司空，无忌坚辞，谓其恐因外戚而“招圣主私亲之诮”。太宗解释说：“朕之授官，必择才行。若才行不至，纵朕至亲，亦不虚授，襄邑王神符是也，若才有所适，虽怨仇而不弃，魏徵等是也。”②

六、贞观初年，太宗对侍臣说：“但能举用得才，虽是子弟及有仇嫌，不得不举。”③

七、贞现十三年，太宗又对侍臣说：“能安天下者，惟在用得贤才。”④

按情理推想，用人唯才与以门第为标准，常常是针锋相对的。比如北魏孝文帝在推行汉化政策时，对于选调问题就和大臣们发生过争论。孝文帝问大臣：“近世高卑出身，各有常分，此果如何？”廷尉卿李冲反问道：“未审上古以来，张官列位，为膏粱子弟乎？为致治乎？”孝文帝答：“欲为治耳。”李冲又反问：“然则陛下何为专取门品，不拔才能

① 《旧唐书》卷七〇《杜正伦传》。

② 《旧唐书》卷六五《长孙无忌传》。

③ 《贞观政要》卷五《论公平》。

④ 《贞观政要》卷三《论择官》。

乎？”孝文帝解释说：“苟有过人之才，不患不知，然君子之门，借使无当世之用，要自德行纯笃，朕故用之。”李冲又说：“傅说、吕望，岂可以门地得之？”[①]孝文帝曰：“非常之人，旷世乃有一二耳。”秘书令李彪也不同意孝文帝意见：“陛下若专取门地，不审鲁之三卿，孰若四科？”[②]这谈话表明用才能与用门第之不相容。不过上举七例，前五例太宗都是拿才行和勋旧来比照说的，后二例也只是表示太宗渴望贤才之意，都不足以做太宗想打破门阀制度限制之证。

杨隋、李唐都是承袭北周的系统。北周以关中为霸业之基，而关中本没有强盛而巩固的士族集团，同时北周又是顺着反对士族的潮流而兴起的，所以从北周开始，已是“选无清浊”[③]。隋代，薛道衡为吏部侍郎掌选，好甄别士流，而结果以牵涉到朋党嫌疑，受除名之处分[④]；唐贞观时，戴胄、杨纂

① 傅说、吕望相传起自版筑、钓渭。

② 《通鉴》卷一四〇齐明帝纪建武三年。鲁国三卿是贵族，孔门四科谓德行、言语、政事、文学，此泛指孔子的有才行的弟子。

③ 《通典》卷一四《选举》历代制中条。

④ 《隋书》卷五六《卢恺传》：“自周氏以降，选无清浊，及恺摄吏部，与薛道衡、陆彦师等甄别士流，故涉党固之谮。”

以天官任铨衡，抑文雅而奖法吏[1]，皆足以证明隋、唐初之选举，都没有清浊之限制。太宗在这种传统下提出“用人唯才”的政策，恐怕不一定有摧抑士族的自觉。同时，南北朝门第势力在唐初依然是有相当力量，太宗个人也不能完全摆脱这种环境的影响，他对人才进用的看法，有时也不免于注意其门户。比如张玄素本是从流外出身的寒人，在贞观十四年居然散位至从三品的银青光禄大夫，做着正四品清显的太子左庶子。[2]大概为了什么缘故触怒了太宗，太宗存心侮辱他，一日当朝，太宗盘根寻底地追问玄素出身，使玄素面部变色，出阁门时几乎连路都不能走了。[3]谏议大夫褚遂良就上疏谏诤，疏中提到：

大唐创历，任官以才，卜祝庸保，量能使用。[4]

---

① 《唐会要》卷七四《掌选善恶》：“（贞观）四年，杜如晦临终，请委选举于民部尚书戴胄，遂以检校吏部尚书，及在铨衡，抑文雅而奖法吏，不适轮辕之用，物议以为刻。”《旧唐书》卷七七《杨纂传》：“俄又除吏部侍郎。前后典选十余载，铨叙人伦，称为允当，然而抑文雅，进（酷）[黠]吏，观时任数，颇为对时论所讥。”

② 太宗时，东宫庶子甚被重视，多名臣任之。

③ 《通鉴》卷一九五唐太宗纪贞观十四年：“玄素少为刑部令史。上尝对朝臣问之曰：‘御在隋何官？’对曰：‘县尉。’又问：‘未为尉时何官？’对曰：‘流外。’又问：‘何曹？’玄素耻之，出阁殆不能步，色如死灰。”

④ 《旧唐书》卷七五《张玄素传》。

褚遂良以为唐任官以才，不计门户，这也有些事实根据，不过唐初并没有创立一种系统化的新用人制度。太宗虽然也破格用人，如马周、张行成之超擢，但也只是超出常规以外的殊宠。太宗对于士族似乎没有明朗的一贯的看法。

李唐皇室源出于关陇集团，同时在此集团里又是八大柱国之一，居着最高的地位。《周书》是令狐德棻等人在唐贞观时奉诏修的，他们为李唐皇室捧场，说：

> 当时荣盛，莫与为比。故今之称门阀者，咸推八柱国家。[①]

所以唐初皇帝对自己家世颇有骄傲的感觉。高祖即对其妻家窦威说：

> 昔周朝有八柱国之贵，吾与公家咸登此职。

又说：

---

① 《周书》卷一六《赵贵等传》传末。

比见关东人崔卢为婚，犹自矜伐，公世为帝戚，不亦贵乎？[1]

武德三年，高祖对裴寂也说过类似的话：

我李氏昔在陇西，富有龟玉，降及祖祢，姻娅帝王，及举义兵，四海云集，才涉数月，升为天子。至如前代皇王，多起微贱，劬劳行阵，下不聊生。公复世胄名家，历职清要，岂若萧何、曹参起自刀笔吏也。惟我与公，千载之后，无愧前修矣。[2]

就政治地位来说，关陇集团的贵门从北周以后，杨李两家都是统一朝代的君主。其他各家族亦多分据将相之要职，自然占着上风，高祖自言其家世及其人臣的家世之“贵”，自不待言。但是，就社会地位来说，那就有大大的不同。在门阀制度下，社会地位是以婚媾做标准的，那时看重的是“清”，是“文化的传统”。关陇集团的贵门，包括李唐皇室在内，都不具备这个条件。他们的祖先都是没有文化的胡人或胡化的汉人，从周到唐，短短的百年间，他们的文化还没有达到很高，以此，他

①② 《唐会要》卷三六《氏族》。

们仍是不被文化显族所重视。这种情形直到唐末也未改变过来。例如文宗是唐晚年的皇帝，他颇想给他的太子永娶得山东望族郑覃家里的女子为妃，可是郑家不愿，怒曰：

> 朕欲为太子婚娶，本求汝郑门衣冠子女为新妇。闻在外朝臣，皆不愿共朕作亲情，何也？朕是数百年衣冠，无何神尧打家罗诃去。①

郑覃不愿嫁女做太子妃，却反将孙女嫁给九品卫佐的崔皋，这就可以看出社会上对于“清”和“贵”的高下估价了。唐朝晚年，山东士族已是久经压抑，但犹高自标置至于如此，那么在唐初尚未全衰之时，其好自骄伐，就更可想而知。唐初的情形是：

> 见居三品以上，欲共衰代旧门为亲，纵多输钱帛，犹被偃仰。②

所以在这一方面，唐初皇帝便不免又有自卑心理。在“自以为

---

① 《太平广记》卷一八四《氏族类》庄恪太子妃条，出《卢氏杂说》。

② 《旧唐书》卷六五《高士廉传》。

贵”的自骄和“并不算清”的自卑两种矛盾心理冲突之下，太宗对于山东人着实没有好感。所以，贞观时对于山东士族是极为压抑的。

太宗命吏部尚书高士廉和御史大夫韦挺、中书侍郎岑文本、礼部侍郎令狐德棻等修撰《氏族志》。士廉等奉诏后，就：

> 责天下谱谍，参考史传，检正真伪。进忠贤，退悖恶，先宗室，后外戚，退新门，进旧望，右膏粱，左寒畯。①

可是这“退新门，进旧望，右膏粱，左寒畯”的准则，却与太宗的原意大相不合。太宗看到山东望族崔民干的家系搁在第一等里面，就大发牢骚：

> 我与山东崔、卢、李、郑，旧既无嫌，为其世代衰微，全无官宦，犹自云士大夫。婚姻之际，则多索财物。或才识庸下，而偃仰自高，贩鬻松槚，依托富贵，我不解人间何为重之？

并申明修《氏族志》的原意是：

① 《新唐书》卷九五《高俭传》。

我今定氏族者，诚欲崇树今朝冠冕，何因崔民干犹为第一等，只看卿等不贵我官爵耶！不论数代已前，只取今日官品、人才作等级，宜一量定，用为永则。①

士廉等依此旨意，就以皇族为首，外戚居次，把崔民干降到第三等。到贞观十二年，《氏族志》才撰完，共有二百九十三姓，一千六百五十一家。②

这件史实，常为史家引为太宗立意摧抑士族的例证。可是这种看法，恐怕多少有疏误。我们认为这件事可注意之点有三：

一、太宗既命令修《氏族志》，无疑就是承认士族制度，并且从“用为永则”一语看，更足以证明，他还要让士族门阀继续下去。

二、从太宗语意看，并没有否认士族的痕迹，太宗所攻击的对象主要是山东士族的崔、卢、李、郑而已。又，《新唐书》卷九五《高俭传》中载太宗又说：

---

① 《贞观政要》卷七《论礼乐》。

② 《通鉴》卷一九五唐太宗纪贞观十二年正月。

齐据河北，梁、陈在江南，虽有人物，偏方下国，无可贵者，故以崔、卢、王、谢为重。

其实，自北魏亡后，齐、梁、陈、周所成者为鼎足之势，而无论就幅员、就财富、就人力讲，周皆不如其他三者，可是太宗数说前朝偏僻小国，却独独不提周。这不是由于史官为了行文便利而削，而是由于太宗本来就作如是观。盖隋承北周，唐复承隋，李唐皇室又预于关陇集团之轴心，故太宗于数典之际，绝无骂祖之理。由此看来，太宗重修《氏族志》之命，乃是为了提升西魏、北周人物之社会地位。

三、太宗说明修《氏族志》的用意是“诚欲崇树今朝冠冕”，其方法是“不论数代已前，只取今日官品、人才作等级”。按此标准，则魏徵、戴胄等人以小族而居要职，也可以提到很高的地位，并且他们的地位一经“量定”，还要“用为永则”，可见太宗是有意要树立一个新的族阀。这个族阀乃是以皇家外戚即以前的关陇贵族的主要家族主其轴心，而以“凡在朝士”之各种来源复杂的家族环其外围，让它慢慢成为坚强而巩固的团体。

南北朝以来，士族所看重的有两方面，一曰婚，一曰宦。太宗修订《氏族志》，其用意偏重于后一点。同时，对于前一点，他也很看重。在贞观十六年六月，下了一道禁卖婚的诏书，令“其自今年六月禁卖婚”[1]：

氏族之盛，实系于冠冕，婚姻之道，莫先于仁义。自有魏失御，齐氏云亡，市朝既迁，风俗陵替。燕、赵右姓，多失衣冠之绪，齐、韩旧俗，或乖德义之风。名虽著于州闾，身未免于贫贱。自号膏粱之胄，不敦匹敌之仪。问名惟在于窃赀，结缡必归于富室。乃有新官之辈，丰财之家，慕其祖宗，竞结婚媾，多纳货贿，有如贩鬻。或贬其家门，受屈辱于姻娅；或矜其旧族，行无礼于舅姑。积习成俗，迄今未已，既紊人伦，实亏名教。朕夙夜兢惕，忧勤政道，往代蠹害，咸已惩革，惟此敝风，未能尽变。自今已后，明加告示，使识嫁娶之序，各合典礼，知朕意焉。[2]

这诏书内容实含有限制新贵、富室与山东右姓通婚之意。“氏族之盛”既“系于冠冕”，而君主操有用人大柄，则欲使山东士族全无冠盖，并非不可能。可是假如达官富人尽愿与山东士族通婚，则山东士族仍可故望不减。那么太宗所采取的压抑山

---

①② 《唐会要》卷八三《嫁娶》。

东士族的政策，也将失去效力。所以，这道禁卖婚诏也就具有很深刻的意义。

禁卖婚诏只能给山东士族以打击，其效用是消极方面的。李唐皇室的“王妃、主婿皆取当世勋贵名臣家，未尝尚山东旧族”[①]，则是以之使皇室与大臣间的联系加强，其对于树立新族阀政策的作用，乃是积极的。王妃不易详考，兹据《唐会要》卷六《公主门》和《新唐书》卷八三《诸公主传》所载主婿姓名，略为考察唐初皇族通婚情形。

高祖十九女：

长沙公主下嫁冯少师　《元和姓纂》卷一京兆冯氏：

> 少师，唐驸马，鸿胪卿，青州刺史，陕东道行台右仆射。

少师上似有夺文。世系错讹，已不可校。[②]然上文载其同族自冯业以下至绍正世系，则与张说《冯昭泰神道碑》合。[③]据碑，昭泰高祖名谦，“以寇恂之才，翊戴周武”，官至大将军、随州刺史。

---

① 《新唐书》卷九五《高俭传》。

② 岑仲勉：《元和姓纂四校记》卷一少师唐驸马条。

③ 《张说之文集》卷二五。

襄阳公主下嫁窦诞　窦诞是高祖窦皇后族子。[①]其世系如下[②]：

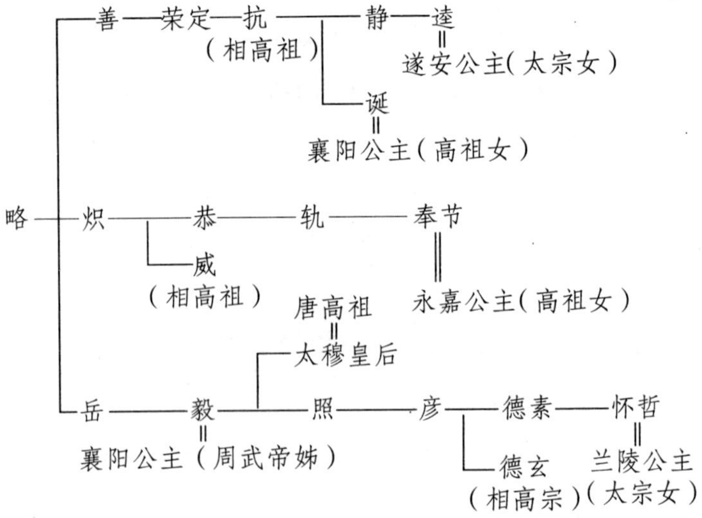

平阳公主下嫁柴绍　柴绍，晋州临汾人。祖名烈，是北周的骠骑大将军。[③]

高密公主下嫁长孙孝政，又嫁段纶　《元和姓纂》卷七长

---

① 《旧唐书》卷六一《窦威传附从兄子抗传》。

② 据《新唐书》卷七一下《宰相世系表》窦氏表。

③ 《旧唐书》卷五八《柴绍传》。

孙氏下有雅正，当即其人[①]，是太宗长孙皇后的同族，其世系如下[②]：

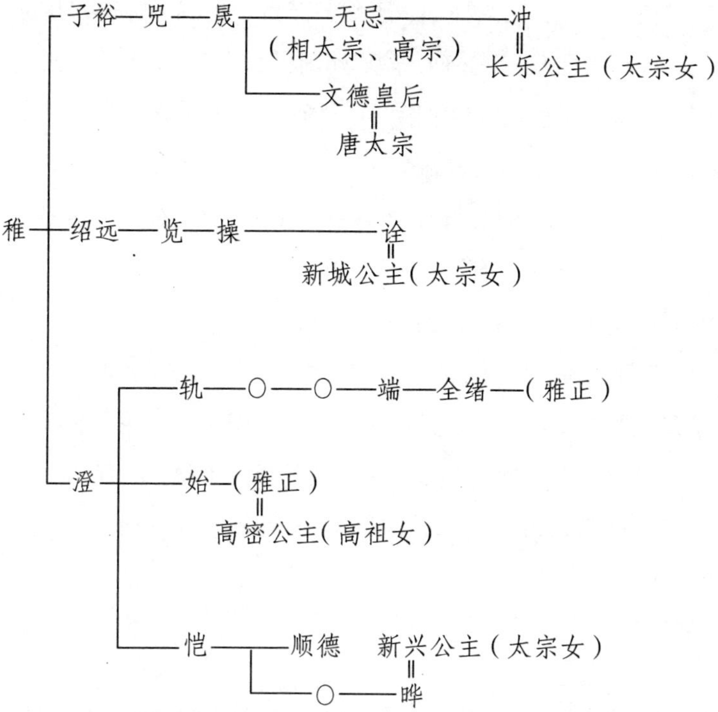

段纶，北海期原人。祖名威，北周时历任洮、河、甘、

① 《元和姓纂四校记》卷七生雅正驸马条。

② 据《元和姓纂》卷七长孙氏。

渭四州刺史。父文振，隋兵部尚书。[①]

长广公主，始封桂阳，下嫁赵慈景，更嫁杨师道　赵慈景，天水西县人。父怀讷，隋广州刺史、总管。族父煚，西魏时“周太祖引为相府参军事”。[②]杨师道，出自观王房，其家自北周历隋至唐，皆极贵盛。[③]

长沙公主，始封万春，下嫁豆卢怀让　怀让先祖为西魏、北周勋臣。祖通，娶隋文帝妹昌乐长公主。父宽，隋末为梁泉令，与郡守萧瑀率豪右赴京师归附李唐。[④]

房陵公主，始封永嘉，下嫁窦奉节，又嫁贺兰僧伽　窦奉节是高祖窦皇后族子，见前。僧伽家世无考。贺兰为北魏勋臣八姓之一，西魏十二大将军有贺兰祥。永徽五年建《万年宫铭》碑阴题名见“兼左卫将军驸马都尉上柱国检校右卫将军通化县开国男臣贺兰僧伽”[⑤]。此胡姓武将很可能出自北周系统。

---

① 《隋书》卷六〇《段文振传》。

② 《元和姓纂》卷七天水西县赵氏；《隋书》卷四六《赵煚传》。

③ 《新唐书》卷七一下《宰相世系表》杨氏观王房表；《旧唐书》卷六二《杨恭仁传附少弟师通传》。

④ 《北史》卷六八《豆卢宁传》；《旧唐书》卷九〇《豆卢钦望传》。

⑤ 《金石萃编》卷五〇。

九江公主下嫁执失思力　执失思力是突厥酋长，“贞观中，护送隋萧后入朝，授左领军将军”。后尚公主。[①]

庐陵公主下嫁乔师望　乔师望，同州冯翊人。其子知之入《旧唐书·文苑传》，然其先世无考。据说同州乔氏是自桥勤“从孝武入关，居同州”以后，才定居在那里的。[②]

南昌公主下嫁苏勖　武功苏氏是关中郡姓，勖曾祖绰，祖威，周、隋名臣。[③]

安平公主下嫁杨思敬　杨思敬是师道兄缜之子。

淮南公主下嫁封言道　渤海封氏虽为山东著姓，然其父德彝却是高祖、太宗的宰相。[④]

真定公主下嫁崔恭礼　恭礼出自山东第一流高门博陵崔氏第二房，其曾祖谦当周、齐分裂时，在北周任荆州总管，爵武康郡公，实际上已与关陇集团结合。[⑤]

---

① 《新唐书》卷一一〇《执失思力传》。

② 《旧唐书》卷一九〇中《文苑传乔知之传》；《新唐书》卷七五下《宰相世系表》乔氏表。

③ 《新唐书》卷七四上《宰相世系表》苏氏表；《周书》卷二三《苏绰传》；《隋书》卷四一《苏威传》。

④ 《旧唐书》卷六三《封伦传》。

⑤ 《新唐书》卷七二下《宰相世系表》崔氏表博陵第二房；《周书》卷三五《崔谦传》。

衡阳公主下嫁阿史那社尔　阿史那社尔是突厥处罗可汗的儿子。贞观“九年，率众内属，拜左骁卫大将军”。岁余尚主。①

丹阳公主下嫁薛万彻　万彻祖回，仕北周官至泾州刺史。父世雄，大业末卒于涿郡留守。武德初，万彻与兄万均随罗艺归附唐朝，为唐名将。史载世雄“本河东汾阴人”，河东薛氏为关中郡姓。又载万彻的籍贯为雍州咸阳，系从敦煌迁来。这样，他的出身是否河东薛氏是颇可怀疑的，但却是勋贵之家。②

临海公主下嫁裴律师　裴律师出自河东裴氏西眷房。曾祖融，仕北周官至司本大夫。父寂，唐朝功臣，高祖、太宗的宰相。③

馆陶公主下嫁崔宣庆　崔宣庆无考。

安定公主，始封千金，下嫁温挺，又嫁郑敬玄　温挺，太原祁人，为山东士族中的小族，而非华显高门。伯父大雅，李渊晋阳起兵，“引为大将军府记室参军”。贞观年间，大雅任礼部尚书，挺父彦博为宰相。④郑敬玄不可考。

---

① 《旧唐书》卷一〇九《阿史那社尔传》。

② 《旧唐书》卷六九《薛万彻传》；《隋书》卷六五《薛世雄传》。

③ 《新唐书》卷七一上《宰相世系表》裴氏西眷房表；《旧唐书》卷五七《裴寂传》。

④ 《旧唐书》卷六一《温大雅传》。

常乐公主下嫁赵瑰　赵瑰家系出自南方，是南朝寒族。父绰，武德中以战功至右领军卫将军。[①]

太宗二十一女：

襄城公主下嫁萧锐，更嫁姜简　萧锐出自后梁皇室。父瑀，相高祖、太宗。母独孤氏，是高祖生母的族孙。其姑则隋炀帝皇后。[②]因为后梁本是北周的附庸，所以其皇室与关陇集团核心家族有如此密切的关系。姜简，秦州上邽人，是功臣姜谟的孙子。父行本，官至左屯卫将军，陪葬昭陵。曾祖景，北周时曾任梁州总管。[③]

汝南公主早薨。

南平公主下嫁王敬直，更嫁刘玄意　王敬直是太宗朝名相王珪的儿子，其家出自南朝，珪祖王僧辩为南朝名将。[④]刘玄意是元从功臣刘政会的儿子。其家出自北齐，政会祖环隽曾任北齐中书侍郎。[⑤]

遂安公主下嫁窦逵，又嫁王大礼　窦逵是高祖窦皇后族

---

① 《元和姓纂》卷七下邳赵氏；《旧唐书》卷五一《后妃传中宗和思皇后赵氏传》。

② 《旧唐书》卷六三《萧瑀传》。

③ 《旧唐书》卷五九《姜谟传》。

④ 《旧唐书》卷七〇《王珪传》。

⑤ 《旧唐书》卷五八《刘政会传》。

孙，见前。王大礼无考。

长乐公主下嫁长孙冲　长孙冲是长孙无忌之子，太宗文德皇后之侄，见前。

豫章公主下嫁唐义识　唐义识父唐俭，是高祖晋阳起兵的元谋功臣，又是太宗为秦王时的天策府长史。其家出自北齐，俭祖邕仕北齐，官至尚书左仆射。[①]

北景公主，始封巴陵，下嫁柴令武　柴令武是柴绍的儿子。柴绍见前。

普安公主下嫁史仁表　史仁表本姓阿史那。父大奈，西突厥特勤，大业七年随处罗可汗入隋，事炀帝。后为有唐功臣，“高祖兴太原，大奈提其众来麾下。”[②]

东阳公主下嫁高履行　高履行是宰相高士廉的儿子。隋时，士廉已嫁妹于长孙晟，生子无忌及女，女即太宗文德皇后。以此，其家虽是北齐皇室之裔，但因婚媾关系，早已牵入关陇集团之中。[③]

---

① 《新唐书》卷七四下《宰相世系表》唐氏表；《旧唐书》卷五八《唐俭传》。

② 《新唐书》卷一一〇《史大奈传》；《元和姓纂》卷六河南史氏。

③ 《旧唐书》卷六五《高士廉传》；《北齐书》卷一三《清河王岳传》。

临川公主下嫁周道务　周道务，汝南安成人。高祖灵起，曾祖灵，仕南朝历显职。父绍范，武德初“越自远方，归于京城”。道务曾“以功臣子养宫中”[①]。

清河公主下嫁程处亮　程处亮是功臣程知节的儿子。[②]

兰陵公主下嫁窦怀悊　窦怀悊是高祖窦皇后族孙[③]，见前。

晋安公主下嫁韦思安，又嫁杨仁辂　韦思安出京兆杜陵韦氏大雍州房，系关中郡姓。曾祖义远，北周时官雍州刺史。[④]杨仁辂无考。

安康公主下嫁独孤谌　独孤谌高祖独孤信是西魏八大柱国之一，其长女为周明帝皇后，四女为李昺妻，生唐高祖，七女为隋文帝皇后。祖机，隋末官司隶大夫，与从兄武都谋召唐兵入洛，为王世充所杀。[⑤]

新兴公主下嫁长孙曦（晔）　长孙晔是太宗长孙皇后同

---

① 《隋书》卷六五《周法尚传》；《文馆词林》卷四五三褚亮《周孝范碑铭》；《新唐书》卷七四下《宰相世系表》永安周氏表。

② 《旧唐书》卷六八《程知节传》。《新唐书》卷八三《诸帝公主传》作程怀亮，今从旧传。

③ 《金石萃编》卷五二《兰陵公主碑》。

④ 《元和姓纂》卷二京兆杜陵韦氏。

⑤ 《古今姓氏书辩证》卷三五独孤氏；《通鉴》卷一八七唐高祖纪武德二年正月。

族，与无忌兄弟行[①]，见前。

城阳公主下嫁杜荷，又嫁薛瓘　杜荷出自关中郡姓京兆杜陵杜氏，自周隋以来，世有冠冕。父如晦，是秦王府亲信幕僚，太宗朝的名相。[②]薛瓘出自河东薛氏西祖房，亦关中郡姓。父怀昱，官饶州刺史。[③]

合浦公主，始封高阳，下嫁房遗爱　房遗爱出自山东士族清河房氏，而其父玄龄却是秦王府亲信幕僚，太宗朝的名相。[④]

金山公主早薨。

晋阳公主早薨。

常山公主早薨。

新城公主下嫁长孙诠，更嫁韦正矩　长孙诠出太宗长孙皇后家，与无忌兄弟行，见前。韦正矩出自关中郡姓京兆杜陵韦氏彭城公房，曾祖鸿胄，北周时官至仪同三司本州大都督。[⑤]

从考察的结果看，没有例外，全部出自勋贵名臣家。其中

---

① 《元和姓纂四校记》卷七顺德侄晔驸马黄州刺史条。

② 《旧唐书》卷六六《杜如晦传》。

③ 《新唐书》卷七三下《宰相世系表》薛氏西祖房表。

④ 《旧唐书》卷六六《房玄龄传》；《金石萃编》卷四三《房彦谦碑》。

⑤ 《新唐书》卷七四上《宰相世系表》韦氏彭城公房表。

主要是关陇集团家族，名臣之家只占了一部分，而没有一个是山东旧族。执失思力、阿史那社尔、史仁表等降附的突厥酋长，在崇尚冠冕贵戚的关陇集团心目中，被认作勋贵自不待言。封言道、崔恭礼、温挺、高履行、房遗爱等虽出自山东士族，但他们同时兼有或是名臣之后，或是贵戚，或者早就是关陇集团成员的身份。

由于李唐皇室家世之“贵”而不“清”，唐初诸帝对山东士族仍抱歧视的态度。由于传统士族观念之不能摆脱，唐太宗乃有树立新族阀的政策。若将孝文帝所施行之氏族政策与太宗之树立新族阀政策比较，就可发现其相似之处：

一、二者皆欲凭借政治地位以提高其社会地位。

二、二者皆修《氏族志》，将本身隶属之集团的地位加以提高。

三、二者皆用通婚之政策，以巩固本身所隶属之集团。

然二者也有相异之处。孝文帝出自胡族，其政策是借提高胡族的文化来提高胡族之社会地位，所以他的政策是要与汉人中的士族获取合作态度。唐初诸帝本身的集团已有地位，他的目的在打击山东士族，所以和高门是不合作的。

唐高宗王武二后废立之争

一　高宗初年关陇集团之声势

太宗用人政策，为使各方人士平行并进，而尤注意于山东微族之拔擢。太宗为使各方人士融炼抟合为一坚强之团体，乃有修《氏族志》之举。其目的乃在使此团体以李唐皇室为其核心，以李唐皇室之戚属，实即大都为关陇集团中之一部分主要家族，密切附着于此一核心，而更以“凡在朝士”之各种来源复杂之家族环其外围也。此计划颇周详缜密，但太宗一死，高宗缵绍，此政策遂全行改变。

在昏庸暗弱的君主统治下，君权往往开始旁落，高宗一朝政治上的情形，正是表现这一点的极好的例子。在他临御天下的初期，即永徽年间，长孙无忌以帝舅之亲，又亲受太宗顾托之重，实握有极大的权柄。《新唐书》卷一〇五《长孙无忌传》记其事：

太子即位，是为高宗。进无忌太尉，检校中书令，犹知门下、尚书二省。固辞尚书省，许之……初，无忌与（褚）遂良悉心奉国，以天下安危自任，故永徽之政有贞观风。帝亦宾礼老臣，拱己以听，纲纪设张，此二人维持之也。

长孙无忌是关陇集团的中心代表人物，他在握权用事时期，也竭力膨胀关陇集团的势力。在高宗即位以后至武氏立后以前，当中一共有六年的时间，此时期中新任用的宰相凡六人，大体上都是北周重臣的后裔。

于志宁

孝文帝在太和二十年把鲜卑贵姓万（勿）纽于氏改为于氏[①]，于志宁便出于这一系。志宁的曾祖于谨，与宇文泰、李虎并列，为西魏八大柱国之一，是西魏北周的开国元勋，后来一直做到太师，封燕国公。志宁的祖父于义，在隋做到潼州总管，封建平郡公。志宁的生父宣道，仕隋至上仪同，封威安县

① 《通鉴》卷一四〇齐明帝纪建武三年春正月丁卯条。

公；过继的父亲宣敏，做到奉车都尉。[①]所以，志宁自述他的家族是：

> 臣居关右，代袭箕裘，周魏以来，基址不坠。[②]

此外，尚有一点，亦足为于志宁系出于关陇集团主要家族的佐证。《魏书》卷三一《于栗磾传》：

> 于栗磾，代人也。[③]

《周书》卷一五《于谨传》：

> 于谨，字思敬，河南洛阳人也。

《隋书》卷三九《于义传》：

> 于义，字慈恭，河南洛阳人也。父谨，从魏武帝入关，

---

① 《新唐书》卷七二下《宰相世系表》于氏表；《周书》卷一五《于谨传》，卷一六《赵贵传》卷末附录；《隋书》卷三九《于义传》。

② 《旧唐书》卷七八《于志宁传》。

③ 据新表，于栗磾是于谨的六世祖。

仕周，官至太师，因家京兆。

《旧唐书》卷七八《于志宁传》：

于志宁，雍州高陵人。

则志宁一族，或谓系代人，或谓系洛阳人，或谓系京兆（即雍州）人，其事颇有一论之价值。

案：《魏书·于栗磾传》言其为代人，此盖其鲜卑人之本籍，其理至为明显。《周书·于谨传》言其为洛阳人，此乃北魏迁洛以后禁归葬代北之结果也。《魏书》卷七《高祖纪》：

（太和十九年六月）丙辰，诏迁洛之民，死葬河南，不得还北。于是代人南迁者，悉为河南洛阳人。[①]

《旧唐书·于志宁传》言其为雍州（京兆）人，此乃北周明帝所订法令之结果也。《周书》卷四《明帝纪》：

（二年三月）庚申，诏曰："三十六国，九十九姓，

① 参见《魏书》卷二〇《文成五王传广川王传》。

自魏氏南徙，皆称河南之民。今周室既都关中，宜改称京兆人。”

于此，可见于志宁之先世既为西魏、北周之大臣，其籍贯之更改，亦系依据北周之法令，此法令实亦关陇本位政策中之一主要项目。如此，则于志宁一族，实为关陇集团中之贵族，与杨隋、李唐属于同一阶层，断可知矣。①

宇文节

宇文节也是胡族，其种姓之来源，是出于鲜卑抑或是出于匈奴，为一饶有兴趣的问题，今不详述。宇文节实也是北周、杨隋大臣的后裔，他这一家也是胡汉混杂之关陇集团中的豪门。宇文节的曾祖名玮，是北周的宕州刺史，封寿张公；祖父名弼，在隋做到礼部尚书，封平昌县公；父名俭，做到九陇令。②其曾祖及祖均任北周及隋世之要职（周世刺史地位甚高）。论到宇文节一族的籍贯，和于志宁相类，也是河南与京兆二地。③

---

① 关于籍贯之更改一点，参考陈寅恪先生《唐代政治史述论稿》。

② 《新唐书》卷七一下《宰相世系表》宇文氏表；《隋书》卷五六《宇文弼传》。

③ 《隋书》卷五六《宇文弼传》：“宇文弼，字公辅，河南洛阳人也，其先世与周同出。”《旧唐书》卷一〇五《宇文融传》：“宇文融，京兆万年人，隋礼部尚书平昌公弼之玄孙也。祖节。”

柳奭

柳奭曾祖名庆，在西魏历居侍中、左仆射等官，皆是宰相职位，封爵为平齐景公；祖父名旦，是隋时的黄门侍郎，封新城县男；父名则，隋时官至左骑曹参军，因出使死在高丽；伯祖名机，是隋时的宰相；机子述，尚隋兰陵公主，亦曾知机务。[①]则柳奭一门，亦是西魏、北周、杨隋以来冠冕蝉联的贵族，是可以无疑的了。而柳氏与李唐皇室复有姻戚关系，除柳奭之外甥女即高宗王皇后外，柳亨，即奭之从父，亦娶高祖之外孙女为妻，且其婚姻，乃系奉高祖之旨意。《旧唐书》卷七七《柳亨传》：

> 亨容貌魁伟，高祖甚爱重之，特以殿中监窦诞之女妻焉，即帝之外孙也。

窦诞即高祖窦后之一家，尚高祖女襄阳公主。如此，则奭之叔父为亨，亨之岳父为窦诞，而诞之岳父即唐高祖也。

韩瑗

韩瑗曾祖名褒，历任西魏、北周内外要职，以少保致仕，

---

① 《新唐书》卷七三上《宰相世系表》柳氏表；《周书》卷二二《柳庆传》；《旧唐书》卷七七《柳亨传》；《隋书》卷四七《柳机传》。

封爵为三水县公；祖名绍，隋仕至卫尉少卿，封金崖县公；父名良，唐仕至尚书，封颍川县公。[①]则韩瑗一家，亦西魏、北周大臣之后裔，并且韩瑗与长孙无忌又有姻亲，他的夫人是无忌从父长孙操之女儿。操子诠又尚太宗女新城公主[②]，所以间接说来，他和李唐皇室也是有着渊源的。

论起韩氏的籍贯，也是一个极饶兴趣的问题。他们大概是关东人，据《魏书》卷三八《韩延之传》：

> 韩延之，字显宗，南阳赭阳人。[③]

《周书》卷三七《韩褒传》：

> 韩褒，字弘业，其先颍川颍阳人也。徙居昌黎。

不过后来也改籍为京兆人。《旧唐书》卷八〇《韩瑗传》：

---

① 《周书》卷三七《韩褒传》；《金石萃编》卷五〇《韩仲良碑》。

② 《旧唐书》卷一八三《外戚传长孙敞传》："长孙敞，文德顺圣皇后之叔父也……（敞从父弟操，贞观）二十三年以子诠尚太宗女新城公主，拜岐州刺史……诠即侍中韩瑗妻弟也。"

③ 案，据《新唐书》卷七三上《宰相世系表》韩氏表，延之是韩褒的高祖。

韩瑗，雍州三原人也。

韩瑗为汉人，其改籍贯虽亦由于周世之法令，然其依据者，则与于氏、宇文氏之为胡人者，有所不同。《隋书》卷三三《经籍志》史部谱系篇：

后魏迁洛……其中国士人，则第其门阀，有四海大姓、郡姓、州姓、县姓。及周太祖入关，诸姓子孙有功者，并令为其宗长，仍撰谱录，纪其所承。又以关内诸州，为其本望。

此法令之公布，或尚在改胡人之河南籍为京兆籍者以前也。[①]韩氏既为汉人随周太祖入关之有功者，故其族谱或已重撰，若将《元和姓纂》卷四韩氏南阳赭县房、昌黎棘城房，及北朝诸史之列传，详加对照，则可发现有无数之分歧。目今以材料未足，尚未能得一结论。

来济

① 此所论改籍一点，陈寅恪先生在《唐代政治史述论稿》中亦曾论及。

来济的先世不显[①]，其父护儿则是隋炀帝最得用的名将，官至左翊卫大将军，封荣国公。[②]来济的家世虽与于、宇文、韩、柳有异，但来护儿既为隋炀帝之大臣，而杨隋又系继续施行关陇本位政策者，则来氏与关陇集团人士或有渊源，亦未可知。然来济之得以于永徽年间荣任相职，似为另有原因。原来贞观中承乾失德，立魏立晋问题正闹得热闹的时候，来济曾经贡献过极重要的意见。《旧唐书》卷八〇《来济传》：

> 太子承乾之败，太宗谓侍臣曰："欲何以处承乾？"群臣莫敢对，济进曰："陛下上不失作慈父，下得尽天年，即为善矣。"帝纳其言。

案太宗之立高宗为太子，本系采纳长孙无忌及褚遂良之意见，然太宗殊不喜爱高宗，而终于立之者，其主要理由，即在使承乾与魏王泰得保两全也。来济"上不失作慈父，下得尽天年"一语，自与太宗之意深相符契。而此一语虽为针对处理承乾而

① 《新唐书》卷七三上《宰相世系表》来氏表未系来护儿以上之官位，《北史》卷七六《来护儿传》则记济祖法敏，为陈海陵令，曾祖嶷，为梁步兵校尉、秦郡太守，长宁县侯，其事迹并无考。

② 《隋书》卷六四《来护儿传》。

发，若进一步言之，即无异于明言绝不能以魏王泰为皇位继承人也，则此说自又大合长孙无忌之意。此后来济又曾为东宫官属[①]，大致亦甚与长孙无忌、褚遂良等人盐梅相得。

崔敦礼

崔敦礼本是山东望族，即博陵崔懿之后裔。[②]但是他的高祖孝芬，在东魏时，被高欢杀害，他的曾祖猷就由间道逃入关中，此后在西魏、北周均蒙重用，官至小司徒，爵至固安县公，周亡入隋，又授大将军之散秩，复晋爵为汲郡公；祖父名仲方，也是隋时达官，职至太常卿，封爵为安固县公；父名民寿，仕隋为县令，封爵为石城县男。[③]敦礼既为关东人入关仕于西魏、北周者之后裔，故其籍贯亦已随宇文氏改籍法令之条例，由博陵改为京兆咸阳人。[④]

---

① 《旧唐书》卷八〇《来济传》："（贞观）十八年，初置太子司仪郎，妙选人望，遂以济为之。"

② 《新唐书》卷七二下《宰相世系表》博陵崔氏大房、二房表。

③ 《周书》卷三五《崔猷传》；《隋书》卷六〇《崔仲方传》；《金石续编·崔敦礼碑》；《新唐书》卷七二下《宰相世系表》博陵崔氏二房表。

④ 《旧唐书》卷八一《崔敦礼传》："崔敦礼，雍州咸阳人，隋礼部尚书仲方孙也。其先本居博陵，世为山东著姓，魏末徙关中。敦礼本名元礼，高祖改名焉。"案，敦礼本名安上，字元礼，以字行，后高祖赐改为敦礼。今所见之石刻崔敦礼碑多剥蚀，《集古录》《金石录》《筠清馆金石文字》中则有之。

分析此诸宰相之家世既竟，我们就可以做如下之结论：

永徽年间，长孙无忌以帝舅之亲，顾托之重，实握重权。无忌既是关陇集团之中心代表人物，故其用事期间，颇行膨胀关陇集团势力之政策，其时新加任命之宰相，共有六人，而此六人之中，五人皆为北周重臣之后裔，且皆出依照宇文氏所施行之关中本位政策而改籍为关中人，直至唐世尚未复籍者之家族。又其中柳奭、韩瑗，则又系李唐皇室及无忌之亲姻也。

二　王皇后家世与武则天家世之对照

高宗永徽年间，外廷关陇集团的势力极为膨胀，而在当时宫闱中，高宗之王皇后亦为北周大臣之后裔。

案王皇后为王思政之玄孙女。[①]王思政是西魏大将，受任镇守河南，寄托极重。[②]而王氏与唐室又系旧亲，高祖之妹同安长公主，即王皇后之从祖母。[③]此外，后之母家柳氏和唐室也有旧亲，后舅柳奭的叔母便是高祖的外孙。于此可见，王皇

① 《新唐书》卷七六《后妃传高宗废后王氏传》："高宗废后王氏，并州祁人，魏尚书左仆射思政之孙。"案，"孙"字上疑有脱漏，或当有玄字。

② 《北史》卷六二《王思政传》。

③ 《旧唐书》卷五一《后妃传高宗废后王氏传》；《新唐书》卷八三《诸公主传同安公主传》。

后既是北周重臣的后裔，其父母两族都是唐室的亲姻，她自当是属于关陇集团的。

武曌的家族则不属于关陇集团范围之内，至少是和关陇集团的关系远较王后为浅。

武曌父系先世今已无从详考。传世的史籍当中所叙其父武士彟的事迹，多系取自许敬宗于高宗时所修之国史。案敬宗所修之史多阿曲不直，前人盖已详知之。[①]而敬宗素谄附武曌，故其叙武氏之门阀及士彟之勋绩，当然更不可信。士彟本预武德功臣之列，而《高祖实录》曾经敬宗删改[②]，所以关于士彟

① 刘肃《大唐新语》卷九《谀佞篇》："许敬宗父善心，与虞基同为宇文化及所害，封德彝时为内史舍人，备见其事。贞观初，敬宗以便佞为恩，德彝薄其为人，每谓人曰：'虞基被戮，虞南匍匐以请代；善心之死，敬宗蹈舞以求生。'敬宗深愧恨焉……及为封德彝立传，盛加其罪恶。掌知国史，记注不直，论者尤之……又纳资数十万，嫁女与蛮首领冯盎子及监门将军钱九陇，叙其阀阅；又为子娶尉迟宝琳孙女，利其金帛，乃为宝琳父敬德修传，隐其过咎，太宗作《威凤赋》赐长孙无忌，敬宗改云赐敬德。其虚美隐恶，皆此类也。"案《旧唐书》卷八二《许敬宗传》叙敬宗修史不实一节多与此同，唯记钱九陇事较详，内云："敬宗嫁女与左监门大将军钱九陇，本皇家隶人，敬宗贪财与婚，乃为九陇曲叙门阀，妄加功绩，并升与刘文静、长孙顺德同卷。"又记其叙庞孝泰事云："白州人庞孝泰，蛮酋凡品，率兵从征高丽，贼知其懦，袭破之。敬宗又纳其宝货，称孝泰频破贼徒，斩获数万，汉将骁健者，唯苏定方与庞孝泰耳，曹继叔、刘伯英皆出其下。"

② 《旧唐书》卷八二《许敬宗传》："初，高祖、太宗两朝实录，其敬播所修者，颇多详直，敬宗又辄以己爱憎曲事删改，论者尤之。"

的一切，恐怕已面目全非，非原书之旧。以故《旧唐书》卷五八《武士彟传》传论中特别标出此点：

> 武士彟首参起义，例封功臣，无戡难之劳，有因人之迹，载窥他传，过为褒词。虑当武后之朝，佞出敬宗之笔，凡涉虚美，削而不书。①

因此，旧传中乃不叙武士彟之先世，唯记其“家富于财，颇好交结”，而新书则径言其“世殖赀”②。若依《太原事迹》所述，则士彟实为一木材业巨商。《太平广记》卷一三七《徵应门》武士彟条引《太原事迹》：

> 唐武士彟，太原文水县人。微时，与邑人许文宝以鬻材为事，常聚材木数万茎，一旦化为丛林，森茂，因致大富。士彟与文宝读书林下，自称为厚材，文宝自称枯木，私言必当大贵。及高祖起义兵，以铠胄从入关，故乡人云：士彟以鬻材之故，果逢构厦之秋。及士彟贵达，文宝依之，

① 案，许敬宗卒于咸亨三年，其时高宗未崩，未得称武后之朝，应作“虑当武后用权，佞出敬宗曲叙”为允。

② 《新唐书》卷二〇六《外戚传武士彟传》。

位终刺史。

而其长兄士棱，史传记其“勤于稼穑”[①]，大概也是一个长于殖财营产的人物。

所以，武后之先世，必非显达之贵族，而只是富有之家庭，至唐室创建时期，士彟才一跃而为新贵。所以她的父系是不在关陇集团范围之内的。又案，贞观年间所修之《氏族志》，从太宗之意，以唐代官品之高下为等级。士彟因预于起义功臣之列，武德中官至工部尚书，爵封应国公[②]，等第当然很高，而《氏族志》中仍不叙其本望[③]，其为寒微，此更为一明证也。

而她的母系却大大不同，那是隋朝的皇室。武曌的母亲杨氏便是隋纳言士达的女儿。[④]士达则是观王雄的弟弟。[⑤]若照《新唐书》卷七一下《宰相世系表》杨氏表所记，杨隋一支

① 《旧唐书》卷五八《武士彟传》。

② 据唐官品令，列曹尚书皆正三品，国公爵从一品。

③ 《新唐书》卷二二三上《奸臣传李义府传》。

④ 《新唐书》卷一〇〇《杨恭仁传附杨执柔传》；《文苑英华》卷九六四张说《节愍太子妃杨氏墓志》；《旧唐书》卷五二《后妃传玄宗元献皇后杨氏传》。

⑤ 《隋书》卷四三《观德王雄传》。

与观王一支族属已非常疏远，但无论怎样，隋朝的皇帝是承认这种关系的。

至于武士彟何以能以一商贾之地位，而得结婚皇室，此则必须有一解释。案杨士达在隋时屡次参预大营建之工程[①]，故疑与营木材业之巨商武士彟极为熟悉。而士彟以巨商交结权贵，得蒙李渊之顾接，在隋末李渊为太原留守时，引用他做行军司铠，已经在政治上有点地位。后来高祖起兵，他在政治上的地位逐渐上升，武德年间官至工部尚书，已经是一个新贵了。[②]在杨隋未亡的时候，士达一族，多有封王任相的，声势之煊赫可知。此际士彟虽然已经做了官，但是他既无门第，官位亦不高，以这样的地位来高攀士达的门庭，恐怕还谈不上。所以士彟之娶杨氏，恐怕是在唐室肇建，士彟贵显以后。而事实上，杨氏本来又是士彟的继室，所以结婚的时期不会过早，而武曌是士彟的次女[③]，卒于神龙元年，年八十

---

① 《隋书》卷三《炀帝纪》："（大业元年）三月丁未，诏尚书令杨素、纳言杨达、将作大匠宇文恺营建东京。"卷四三《观德王雄传附弟达传》："献皇后及高祖山陵制度，达并参预焉。炀帝嗣位，转纳言，仍领营东都副监，帝甚信重之。"

② 《旧唐书》卷五八《武士彟传》。

③ 《旧唐书》卷一八三《外戚传武承嗣传》："初，士彟娶相里氏，生元庆、元爽。又娶杨氏，生三女，长适越王府功曹贺兰越石，次则天，次适郭氏。"

二[①]，则应生于武德七年。于此亦可断定士彟与杨氏之结婚系于武德初年举行。

武曌的母系杨氏虽亦属于关陇集团，但是因为她父族寒微，所以不能与王皇后相比，而终被摈斥于关陇集团之外。这一点可举两则例子来作为对照。如骆宾王讨武氏檄文便说武曌是“地实寒微”[②]，而褚遂良在力争王皇后不可废时，强调王皇后“出自名家”[③]。由此可见王后与武曌的家世，在当时人的心目中是怎样的看法了。[④]

三　王武二后废立之争

关陇集团的人士，在把持政权的时候，对于皇位问题的处理，是颇具深心的。

针对皇位问题，他们所做的第一件要事，是定立了燕王忠来做太子。

① 《通鉴》卷二〇八唐中宗纪神龙元年十一月壬寅条。按《新唐书》卷七六《后妃传高宗则天皇后传》以则天年八十一，则应生于武德八年。

② 《骆宾王文集》卷一〇《代李敬业以武后临朝移诸郡檄》。

③ 《旧唐书》卷八〇《褚遂良传》。

④ 此处所论武曌家世，多据陈寅恪先生《李唐武周先世事迹杂考》第三节，载《历史语言研究所集刊》第六本。

王皇后无子，故太子问题甚难解决，也正因此，故太子问题方须早行解决。盖此问题若经久悬则夜长梦多，终必成为纷争的导火线。而纷争一起，则朝臣又必将如贞观十七年太子承乾与魏王泰废立之争时的情形，分为党派。党派纷争的结果，由长孙无忌领导着的关陇集团的势力，不一定就能得到胜利，万一失败，则其权势也一定要随之瓦解。为保持权势计，他们当然会看清这个问题实是面临着的最迫切的问题。他们一眼扫射下去，燕王忠便成了那目光中的奇货。原来燕王忠是高宗的长子，他的生母刘氏是微贱的后宫。就名义来说，正宫王皇后既然无子，则其他诸庶子自应以长幼为尊卑，那么燕王忠之建储当然是合法的。就实利来讲，燕王忠的母亲既系微贱的后宫，当然无动摇王皇后地位之可能；复次，燕王忠既以微贱的庶子得他们的赞助而登储贰，其母亦自知感激。如此，照他们推想做这样安排，设或高宗驾崩，他们的权势至少还可以继续维持一代。

最初，是王皇后的舅舅中书令柳奭向王皇后游说，说明了他的用意，王皇后当即表示同意。进一步，柳奭再向尚书右仆射褚遂良、侍中韩瑗疏通，他们也表示赞助。再进一步，由褚遂良、韩瑗向太尉长孙无忌、尚书左仆射于志宁活动，结果也完全成功。更进一步，他们联合起来向高宗固请，庸懦的高宗本没有什么主见，看到内宫的皇后、外廷的大臣既已意见一致，也就没有话说。这样，在永徽三年的七月丁巳，燕王忠的太子地位便正式成立。[①]

燕王忠的太子地位，何以在永徽三年定立，若加以探索，似乎也自有其背景。

第一种可能，是他们为了对付萧淑妃。

截至这时，高宗已有四个儿子。长子即燕王忠，后宫刘氏所生；次子许王孝，后宫郑氏所生；三子杞王上金，后宫杨氏所生；四子雍王素节，萧淑妃所生。[②]四子之中唯素节之母萧淑妃地位较贵，且曾深得高宗宠爱，以致颇遭王皇后之嫉妒。但自武曌入宫之后，此时萧淑妃之宠已渐杀[③]，故此种可能性不大。

第二种可能，是他们为了对付武昭仪。

这时，武曌已入后宫，大受宠爱。他的第一个儿子弘，即约于永徽三年七月前后出生。考武曌之入宫，与高宗于太宗忌日至感业寺拈香有关[④]，则武曌之入宫之时，应在永徽元年五

① 《旧唐书》卷四《高宗纪》、卷八六《高宗诸子传燕王忠传》。

② 《旧唐书》卷八六《高宗诸子传》。

③ 《通鉴》卷一九九唐高宗纪永徽五年三月庚申条。

④ 据《唐会要》卷一《帝号上》，太宗忌日在五月二十六日。

月二十六日以后或永徽二年五月二十六日以后，而以前者之可能性为大。据此，则武曌之生子，在永徽二年、三年、四年皆有可能。据《旧唐书》卷八六《高宗诸子传孝敬皇帝弘传》：

上元二年，太子从幸合璧宫，寻薨，年二十四。

若依此推算，则弘之生年，应在永徽三年。但同上《燕王忠传》：

其年（永徽六年）王皇后被废，武昭仪所生皇子弘年三岁。

则弘又似生于永徽四年。《通鉴》卷二〇〇唐高宗纪显庆元年条：

春，正月，辛未，以皇太子忠为梁王、梁州刺史，立皇后子代王弘为皇太子，生四年矣。

亦与《旧唐书·燕王忠传》相合。又《金石萃编》卷五八《孝敬皇帝睿德纪》：

年才一岁，立为代王。

此为最可信据之史料，以此与《唐会要》卷二《帝号下》追谥皇帝条：

孝敬皇帝讳弘，高宗第五子，永徽四年正月封代王。

互相印证，更可知弘之生时应在永徽四年之正月。至如《旧唐书》卷四《高宗纪》所记：

（永徽六年正月）庚寅，封皇子弘为代王，贤为潞王。[①]

盖因贤封潞王，致有混淆，或由封贤之敕文中连叙代王所致。否则，贤之生时在永徽五年十二月[②]，弘为贤兄，何得于永徽六年时反才一岁耶？总之，弘之孕育时，必在永徽三年之夏初，而永徽三年七月时，其事必已为王皇后所知。燕王忠之

① 《新唐书》卷三《高宗纪》，《通鉴》卷一九九并同。

② 《旧唐书》卷四《高宗纪》。

立，其故在此，可推知也。

以长孙无忌为领袖的关陇集团人士，到永徽三、四年间，已经把一切安排停当。王皇后的家族既预于关陇集团之列，燕王忠之立为太子又全由他们策划，当然，他们绝不愿意看到中宫的地位有任何动摇。因此，武昭仪的正宸阴谋自不免受到极大的阻碍。

在永徽五年的六月，情况突然发生了变化。据《通鉴》卷一九九唐高宗纪，是月：

> 中书令柳奭以王皇后宠衰，内不自安，请解政事；癸亥，罢为吏部尚书。

这一件事反映内廷一定有大的问题，否则柳奭绝不会这样做。考武曌曾生一女，此女之生日不可考，此女生后，王皇后曾往抚视，随后武氏扼杀之，归罪于王皇后。自是高宗与王后感情大坏，始有废立之志。[1]颇疑柳奭之罢，与此有关。武曌诸子中，弘生于永徽四年初，贤生于永徽五年末，永徽五年有闰月，则永徽四年末或永徽五年初，武曌固有生女之可

---

① 《通鉴》卷一九九唐高宗纪永徽五年。此事因不能确定月日，故系于此年之末。

能也。

为了那是一条捷径，高宗和武昭仪都曾为废立皇后的事，向长孙无忌下过贿赂游说的功夫。但这事既关系关陇集团权势的命运，无忌始终不肯同意，一方面他接受下贿赂，一方面却拒绝他们的请求。《新唐书》卷一〇五《长孙无忌传》记其事：

帝欲立武昭仪为后，无忌固言不可。帝密以宝器锦帛十余车赐之，又幸其第，擢三子皆朝散大夫。昭仪母复诣其家申请。许敬宗数劝之，无忌厉色折拒。①

后来，武氏看到运动长孙无忌根本无望，于是就改变了做法。首先，她诬告王后与其母柳氏厌胜，趁此把柳奭贬逐于外。这一举，一则断掉了王后最有力之臂助，再则也给了关陇集团一个打击。《通鉴》卷一九九唐高宗纪记此事之原委曰：

---

① 案，《通鉴》系此事于永徽五年，又记帝所擢为朝散大夫者之三人，皆“无忌宠姬子”。又案，《通鉴》云“礼部尚书许敬宗亦数劝无忌，无忌厉色折之”。考《通鉴》下文，许敬宗至永徽六年九月戊辰始为礼部尚书，《旧唐书》卷八二《许敬宗传》亦云：“永徽三年入为卫尉卿，加弘文馆学士兼修国史，六年，复拜礼部尚书。”颇疑许敬宗之劝无忌事应在永徽六年九月高宗公开召宰相讨论废立皇后之时，其时，许敬宗已潜布腹心于武后矣。

（永徽六年）六月，武昭仪诬王后与其母魏国夫人柳氏为厌胜，敕禁后母柳氏不得入宫。秋，七月，戊寅，贬吏部尚书柳奭为遂州刺史。奭行至扶风，岐州长史于承素希旨奏奭漏泄禁中语，复贬荣州刺史。[①]

另外，她又图谋获得一个特殊的称号，以便渐渐倾覆王皇后之地位。在永徽六年七月时，曾有特立武氏为宸妃之议，但结果又为韩瑗、来济所阻。《通鉴》卷一九九唐高宗纪：

唐因隋制，后宫有贵妃、淑妃、德妃、贤妃皆视一品。上欲特置宸妃，以武昭仪为之，韩瑗、来济谏，以为故事无之，乃止。[②]

---

① 案，《新唐书》卷七六《后妃传高宗废后王氏传》曰："而昭仪诡险，即诬后与母挟媚道蛊上，帝信之。解魏国夫人门籍，罢后舅柳奭中书令。"据此则柳奭乃由宰相外贬也。然据《旧唐书》卷四《高宗纪》、卷七七《柳亨传附兄子奭传》，《新唐书》卷六一《宰相表》，则奭于贬遂州刺史前，已罢去中书令，新传所记盖疏误也。

② 案，此事《旧唐书》卷八〇《来济传》未言其议之行否，《新唐书》卷一〇五《来济传》所记则似武氏曾一度立为宸妃者，而两唐书《则天皇后纪》则明言其曾立为宸妃矣。《通鉴考异》曰："《唐历》又云：'瑗济谏，帝不从。'案，立武后诏书犹云'昭仪武氏'，则未尝为宸妃也。"《通鉴考异》之考证极为强硬，是此议实未见诸事实也。

游说无忌，建号宸妃，这是两条捷径，但结果均未成功，武氏乃不得不从根本上下番功夫，换言之，即须招揽腹心也。不久，武后终得与朝中一些巧宦之士取得联络。这些人中间，主要的有许敬宗、李义府、王德俭、崔义玄、袁公瑜等。刘肃《大唐新语》卷一二《酷忍篇》记其勾结之经过曰：

时中书舍人李义府阴贼乐祸，无忌恶之，左迁壁州司马。诏书未至门下，李义府密知之，问计于中书舍人王德俭。王德俭曰："武昭仪甚承恩宠，上欲立为皇后，犹豫未决者，直恐大臣异议耳，公能建策立之，则转祸为福，坐取富贵。"义府然其计，遂代德俭宿直，叩头上表，请立武昭仪。高宗大悦，召见与语，赐宝珠一斗，诏复旧官。德俭，许敬宗之甥也，瘿而多智，时人号曰"智囊"。义府于是与敬宗及御史大夫崔义玄、中丞袁公瑜等，观时变而布腹心矣。

武氏立后既已得一部分大臣拥护，高宗乃于永徽六年九月正式与诸大臣公开讨论。其时长孙无忌所领导而代表关陇集团势力的宰辅，亦即以前匡赞高宗及拥燕王忠为太子者，一致表示反对，而尤以褚遂良为最激烈。刘肃《大唐新语》卷一二《酷忍篇》记褚遂良谏阻之情形曰：

高宗召长孙无忌、李勣、于志宁、褚遂良将议废立。勣称疾不至，志宁顾望不敢对。高宗再三顾无忌曰："莫大之罪，无过绝嗣，皇后无子，今欲废之，立武士彟女，何如？"无忌曰："先朝以陛下托付遂良，望陛下问其可否。"遂良进曰："皇后出自名家，先帝为陛下所娶，伏事先帝，无违妇德，愚臣不敢曲从，上违先帝之旨。"高宗不悦而罢。翌日，又言之。遂良曰："伏愿再三审思。愚臣上忤圣颜，罪当万死，但得不负先帝，甘心鼎镬。"因置笏于殿阶，曰："还陛下此笏。"乃解巾叩头流血。高宗大怒，命引出。则天隔帘大声曰："何不扑杀此獠？"① 无忌曰："遂良受先帝顾命，有罪不可加刑。"

韩瑗亦为拥立燕王忠之一员，又与长孙氏姻亲，当然与无忌、遂良等休戚相关，因此对于废王立武之事，亦力加阻止。《旧唐书》卷八〇《韩瑗传》：

① 案，唐人习惯，常詈南人为獠。褚遂良本籍河南阳翟，晋世避乱渡江，世居南土，故武后詈之为獠，与其种姓固无关也。他若大历十才子之一吉中孚为鄱阳人，无名子谤议诗呼为吉獠，见《唐摭言》卷一三无名子谤议条；陆贽为嘉兴人，德宗詈之为獠奴，见《太平广记》卷二七五《童仆》上清条引《异闻集》。皆同其例。

（永徽）六年，迁侍中，其年兼太子宾客。时高宗欲废王皇后，瑗涕泣谏曰："皇后是陛下在藩府时先帝所娶，今无愆过，欲行废黜，四海之士，谁不惕然。且国家屡有废立，非长久之术。愿陛下为社稷大计，无以臣愚，不垂采察。"帝不纳。明日，瑗又谏，悲泣不能自胜，帝大怒，促令引出。寻而尚书左（右）仆射褚遂良以忤旨左授潭州都督，瑗复上疏理之。

又来济于贞观时，亦主张立高宗为太子，当亦系长孙无忌等之党羽，此时与长孙无忌共荣共辱，故与褚遂良、韩瑗采取一致的态度。《新唐书》卷一〇五《来济传》：

帝将以武氏为后，济谏曰："王者立后，以承宗庙、母天下，宜择礼义名家、幽闲令淑者，副四海之望，称神祇之意。故文王兴姒，《关雎》之化，蒙被百姓，其福如彼；成帝纵欲，以婢为后，皇统中微，其祸如此。惟陛下详察。"①

---

① 案，《新唐书》卷一〇五《褚遂良传》记遂良曰："陛下必欲改立后者，请更择贵姓。"与此谏语，并足为武氏家族在时人心目中不入华显之佐证。

于志宁既是关陇集团的人士，又复为拥立燕王忠之匡赞人，而于此时独不表示意见者，盖其本性柔弱使然。若从以后始终不为武氏所容来看，则其真意亦殊偏袒王后，可推知也。

但废王立武之事，终于见诸实行了。在永徽六年的十月己酉，高宗下诏废王皇后为庶人，越五日，同月乙卯，下诏立武昭仪为皇后。[①]

武氏立后计划，既不为顾命大臣长孙无忌、褚遂良所匡赞，又为多数宰臣如韩瑗、来济所谏阻，在高宗本不敢毅然行事，然终于力排众议，决立武氏者，当时仅存之开国元勋李勣的态度，实为关键之所在。盖许敬宗、李义府等人虽潜布腹心于武氏，然而他们的声望，终嫌不足，等到李勣表示不反对的时候，高宗才下了最后的决心，今举史料二则以明之。《旧唐书》卷七八《于志宁传》：

> 高宗之将废王庶人也，长孙无忌、褚遂良执正不从，而李勣、许敬宗密申劝请，志宁独无言以持两端。

《新唐书》卷九三《李勣传》：

---

① 此据《通鉴》卷二〇〇《唐高宗纪》。《旧唐书》卷四《高宗纪》脱漏“乙卯”。

帝欲立武昭仪为皇后，畏大臣异议，未决。李义府、许敬宗又请废王皇后。帝召勣与长孙无忌、于志宁、褚遂良计之，勣称疾不至……遂良等持不可，志宁顾望不对。帝后密访勣，曰：“将立昭仪，而顾命之臣皆以为不可，今止矣！”答曰：“此陛下家事，无须问外人。”帝意遂定。

至此，我们可以知道，武氏立后之成功，其最大匡赞人物乃李勣、许敬宗、李义府、崔义玄、王德俭、袁公瑜等，其最大之反对党乃长孙无忌、褚遂良、韩瑗、来济等。关于后者诸人之家世与行实，前已多有论列，若再将前者诸人之家世行实加以分析，再与后者诸人互相比较，则可发现极大不同。盖此诸人没有一个是属于关陇集团的，也没有一个是匡赞高宗或拥立燕王忠的，而且其中至少有一部分是在长孙无忌握权时期极不得意的。

李勣　李勣本是山东微族，不预于关陇集团人士之列。他不是翊赞高宗的功臣。在议立燕王忠为太子时，他虽以开府仪同三司同中书门下三品任宰相之职，又是开国元勋，地位既高，名望亦重，然而却不曾参预其事。于此可见他与长孙无忌等的关系，极为疏远。所以这时他的态度，颇倾袒于武氏。

许敬宗　许敬宗之家世已详另文。在高宗时，他的资格极老，官品虽亦甚高，但相形之下，颇不得意。原来在太宗时，于征伐辽东一役中，他曾经代替岑文本掌行在枢密之职，但此后即不复高踞相位，已有才高不显之叹。高宗即位之后，他又经过一度贬谪，直至议立武氏为后略前，始复为列曹之尹。[①]他是江南士族，与关陇集团人士又无因缘，自不为用事之人所重。像他那样热中的人物，既以高才久宦而不能复相，当无怪于不满当时之政权矣。

李义府　李义府是四川人。四川本无士族，当然他出于微族。在得势以后，他虽然竭力比附高门的赵郡李氏，与赵郡诸李大叙其昭穆，然而这终究掩盖不住那出自寒微的事实。[②]因为他家世单微，所以在朝廷里不得不找靠山。恰巧正是长孙无忌、褚遂良等以前之大敌刘洎等人用事[③]，义府乃投身焉。义府之得仕为清要之职，实亦借重于刘洎等人之称荐。此时人及后世史家多能知之，今可举史料二则以为证。《旧唐书》卷八二《李义府传》：

> 黄门侍郎刘洎，持书御史马周皆称荐之，寻除监察御史。

---

① 《旧唐书》卷八二《许敬宗传》及传论。

② 《旧唐书》卷八二《李义府传》。

③ 案，刘洎为魏王泰之党。

同上：

> 侍御史王义方廷奏义府犯状，因言其初容貌为刘洎、马周所幸，由此得进，言词猥亵。帝怒，出义方为莱州司户，而不问义府奸滥之罪。

此外，义府与刘洎关系，尚可得另一佐证。盖刘洎之子曾于显庆时为其父申诉冤屈，义府极为佑助也。《旧唐书》卷八一《乐彦玮传》：

> 显庆中，为给事中。时故侍中刘洎之子诣阙上言，洎贞观末为褚遂良所谮枉死，称冤请雪，中书侍郎李义府又左右之。高宗以问近臣，众希义府之旨，皆言其枉。

李义府既为刘洎之余党，自不为长孙无忌所喜。是则无忌之所以深恶义府，恐不止于如前人所说以义府“阴贼乐祸”而已也。

崔义玄　崔义玄是山东贝州武城人[①]，即所谓清河崔氏。《新唐书》卷七二下《宰相世系表》崔氏南祖房表：

---

① 《旧唐书》卷七七《崔义玄传》。

> 琰，字季珪，魏尚书。生谅，字士文。生遇。遇生瑜。瑜生逞，字叔祖。逞生祎。祎四世孙溉。溉生义玄，御史大夫，清丘贞公。

案：自谅至祎，并有名位，可参看《魏书》卷三二《崔逞传》。自祎以下并无名位，此殊可疑，故此谱或出自伪造。若是，则义玄一族，若非衰微之破落户，当即是伪托之假冒牌也。至谓之非出关陇集团，当尤为明显。

王德俭　王德俭一家大致来自南朝系统。曾祖名清，梁安南将军；祖名猛，陈东衡州刺史；父名纩，楚州刺史。[①]唯《通鉴》卷一九九唐高宗纪永徽元年云：

> 中书舍人幽州王德俭。

以王德俭为幽州人，不知何据？若据德俭乃许敬宗之甥观之，则其家出自南朝系统之可能性较大，盖亦绝非关陇集团之一族。

---

① 《新唐书》卷七二中《宰相世系表》琅玡王氏表。

袁公瑜　家世全无可考。据其姓氏推之，似亦绝非隶属关陇者。

还需讨论一点。刘洎为贞观十九年时无忌、遂良之敌对党，刘洎之余党李义府复是永徽六年时无忌之敌对党，贞观十九年时拥戴魏王泰者如岑文本、刘洎俱是知名之文人，而永徽六年翊赞武后者如许敬宗、李义府又多属此辈，然则刘洎所领导者与李义府所领导者，或有更多的渊源，似不无蛛丝马迹可寻。今则以证据未备，不敢妄论，俟将来博考之。

四　关陇集团之失势

在庸才之高宗为君主，枭杰之武氏为皇后的情形之下，高宗自不免受制于武后。武后的家族既不预于关陇集团，其立后之阴谋又特遭关陇集团人士阻挠，加之李唐皇室本是关陇集团之核心，其他各家族或密切的附着于此核心，或较为疏远的环绕其外围，总之他们总还是愿意拥戴李唐皇室的。武后以权雄之性，一朝得志，其目的既不止于正位中宫，又复对此集团抱有深怨，很自然地，她会把此集团视作眼中之钉，慢慢地用一切手段把这个障碍物除去。

首先，约略在高宗征得李勣的同意而决心废王立武的同时，立刻把虽非出自关陇集团，而实际此时已代表关陇集团势力的褚遂良由宰相外贬。永徽六年九月庚午，遂良贬为潭州都督。①

这时，武后的权势尚未炽盛，所以在褚遂良贬谪以后，暂时还未有重大动静。过了两年，在显庆二年，乃因许敬宗、李义府之希旨诬奏，八月丁卯，把韩瑗谪为振州刺史，来济谪为台州刺史。②同时再度把褚遂良自桂州都督贬降为爱州刺史，柳奭自荣州刺史贬降为象州刺史。③

为了长孙无忌是高宗的舅父，于高宗又有大恩，高宗一向信之不疑。例如在永徽元年，曾有洛阳人李弘泰诬告长孙无忌谋反，高宗便命立斩之。④以此，武后尚不敢遽下毒手。但是，她绝不肯也绝不能把他放过，事实上，她在安排着对付他。褚、韩、来、柳的贬谪，都可以看作剪除他的羽翼的手段。不过，就是初步计划，也还不止于此。

在永徽六年以后，无忌的亲中表高履行由太常卿外放为益

---

① 《旧唐书》卷四《高宗纪》。案，遂良之贬，在王皇后废于十月己酉之前凡四十日，在武后立于十月乙卯之前凡四十六日。

② 《旧唐书》卷八〇《韩瑗传》《来济传》；《新唐书》卷六一《宰相表》。

③ 案，两唐书皆云奭贬爱州，盖误。此据《通鉴》卷二〇〇唐高宗纪显庆二年八月丁卯条及《通鉴考异》。

④ 《通鉴》卷一九九唐高宗纪永徽元年。

州大都督府长史[①]，无忌的从父兄子长孙祥由工部尚书外放为荆州大都督府长史。这种官职的更动，表面上看起来，虽然不算贬降，只是平常习见的内外迁转。但案考其实际，则他们原本都在京城里任着要职，而在这紧要的时候，突然差不多同时让他们离开畿甸，当然，骨子里头，一定含有断削无忌臂助的意义。若更从此后许敬宗在诬告长孙无忌谋反的时候，也捏造谰言说无忌乃以此自疑来看[②]，则此事系出自武后、许敬宗的预谋，就愈加明显。

在韩瑗、来济贬谪以后又将近两年的时间，大概对付无忌的计谋，已经酝酿成熟，武后的党徒许敬宗就利用了一个机会，诬告长孙无忌谋反。原来，洛阳人李奉节在显庆四年上告太子洗马韦季方与监察御史李巢相为朋党，许敬宗认为机不可失，就把无忌牵连在内，并且把案情改作了谋反。高宗起初虽然不信，但是他本来没有什么判断能力，经不住许敬宗再三诬奏，于是无忌就这样糊里糊涂地在显庆四年四月戊辰被流放到最边远的黔州去了。[③]

---

① 《旧唐书》卷六五《高士廉传附子履行传》。

② 《通鉴》卷二〇〇唐高宗纪显庆四年。

③ 《大唐新语》卷一二《酷忍篇》；《新唐书》卷一〇五《长孙无忌传》；《旧唐书》卷四《高宗纪》；《通鉴》卷二〇〇唐高宗纪显庆四年四月戊辰及《通鉴考异》。

无忌既放逐，其子弟亦多流贬。例如他的儿子秘书监驸马都尉冲便被流放到岭外；他的从弟知仁亦贬翼州司马；族子驸马都尉诠亦流于嶲州，旋为有司所杀。[①]其姻亲亦多以此得罪，例如高履行便由益州长史贬为洪州都督。[②]其同党柳奭、韩瑗被除名处分。褚遂良这时已死，但他的儿子彦甫、彦冲也被流于爱州，在路途上遭了杀害。[③]

同时，北周八大柱国家于氏的于志宁，虽然在武后立后之议中，不敢参加什么意见，但是他既是关陇集团的贵裔，同时又是负有声望的人，所以武后及其党徒为了彻底肃清这一班人的势力起见，也给了他一个党附无忌的罪名，在显庆四年四月戊辰，亦即无忌流放之同日，免去他太子太师同中书门下三品的职任。[④]

许敬宗等更利用了这一谋反的可怕罪名，把所有与长孙氏有关的才能之士铲去。例如凉州长史赵持满是长孙诠的外甥、

① 《新唐书》卷一〇五《长孙无忌传》。案，诠尚太宗女新城公主，冲尚太宗女长乐公主，长乐、新城二公主并与高宗同母，系长孙皇后所生，故诠、冲尤为武后之党所恶。

② 《通鉴》卷二〇〇唐高宗纪显庆四年四月戊辰条及《通鉴考异》。

③ 《通鉴》卷二〇〇唐高宗纪显庆四年四月戊辰条及《通鉴考异》；《旧唐书》卷八〇《褚遂良传》。

④ 《旧唐书》卷七八《于志宁传》；《新唐书》卷六一《宰相表》。

韩瑗的姨侄，工书善骑射，许敬宗也诬奏他与无忌同反，在同年五月戊戌把他杀掉。[①]

长孙无忌虽然失去了权势，但他们认为留着终究是祸根，所以隔不多时，在同年的七月覆按反狱，无忌投环自杀，其姻亲大抵皆谪徙。[②]

长孙无忌死后，李义府复奏韩瑗与通谋，遣使即杀之。既至，瑗已死，发棺验视而还。追削官爵，籍其家，子孙谪广州为官奴。[③]许敬宗亦“构柳奭通宫掖，谋行鸩毒，与褚遂良朋党，罪大逆，遣使杀之，没其家，期以上亲，并流岭表，奭房隶桂州为奴婢”[④]。

长孙无忌的垮台，对于关陇集团实有极重大之影响。长孙无忌在这个期间是这一集团的领袖，他一失势，关陇集团便成为群龙无首的局面。这时在个人声望上，在家族地位上，于志宁大概是极高的，因此，于志宁又再度被谪逐为荣州刺史，而高履行亦再度被贬逐为永州刺史。于氏是关陇集团中最盛的家

---

① 《旧唐书》卷一八三《外戚传长孙敞传附赵持满传》；《新唐书》卷三《高宗纪》。

② 《新唐书》卷一〇五《长孙无忌传》；《通鉴》卷二〇〇唐高宗纪显庆四年七月壬寅条。

③ 《新唐书》卷一〇五《韩瑗传》。

④ 《新唐书》卷一一二《柳泽传附从祖奭传》。

族之一，所以对他这一族也必须大加破坏，于志宁虽与武后并无深怨，但于氏同时被逐者，竟达九人之多。在长孙氏、于氏都被破坏，柳氏、韩氏也全行倒塌以后，李唐皇室失去了强有力的支撑，大权就全落在武后的手里，更没有其他力量足以和她对垒了。[①]

事实上，关陇集团之构成，只是由于宇文氏应付当时环境所施行的政策，这一集团虽然历隋至唐为统治阶级的中心，但是他们势力的维持只是凭着由武力所造成的政治优势。这一集团，虽然已经有了一百五十年左右的历史，但在文化上、在社会上并没有能造成巩固而雄厚的根基，所以在政治上一失去地位之后，便有趋于解体的现象。加上武后在图谋实现创业垂统之野心的时候，又严厉地实行了恐怖政策。在恐怖政策下，本是玉石俱焚，关陇集团之家族，既与李唐皇室多属姻亲，故受株连者，当然难可悉数。于是，关陇集团的残灰余烬亦遂不复有再度燃烧的可能了。

---

① 《通鉴》卷二〇〇唐高宗纪显庆四年八月乙卯条。

唐玄宗安定皇位的政策和姚崇的关系

在这篇短文里，所讨论的，只有一点，其大旨是在阐明唐玄宗采用了姚崇的政策，安定了他的皇位，因而奠定了开元之治的基础。

一

要了解玄宗在初年对于皇位安定迫切的需求，必须先知道当时有政变频繁现象的存在。我们试看：

神龙元年（705年）正月，张柬之等推翻了武则天的统治，拥戴了中宗复辟。

景龙元年（707年）七月，节愍太子重俊谋诛韦后，以未能进入玄武门失败。

景云元年（710年）六月，中宗为韦后所鸩暴崩，韦后定策立温王重茂为太子，自为皇太后临朝摄政。

同年同月，玄宗讨平韦后之乱，拥戴了睿宗即位。

同年七月末，谯王重福谋乱于东都，八月，为洛州长史崔日知所平。

先天元年（712年）七月，睿宗禅位于玄宗。

开元元年（713年）七月，太平公主阴谋作乱，为玄宗所诛，睿宗退居百福殿。

从神龙元年正月到开元元年七月，只不过是八年半的时间，而在这短短的时期内，皇帝就被更换了四个，政变就发生了七次。这是何等险恶的气氛！在这样动荡的政局中，玄宗该感受如何严重的闷压！

何以当时的政局竟会有如此不安的现象？我们可能得到的解答是："这是武则天政治革命所造成的。"

第一，皇位继承，本是中国政治史上的一大问题。古圣先贤所定立的嫡长袭统制度，并不能完全减灭皇位带给野心家的欲焰。唐代武德年间的太宗与太子建成之争，贞观年间的魏王泰与太子承乾之争，已足够显示出皇位继承问题的严重性，而武则天以女子践居君位，就更加深了这问题的复杂性。立子、立侄似乎都于理可通，所以，皇子、外戚便一齐参加竞夺。此后，韦后、太平公主、安乐公主也都投进纷争的涡流，其原因也正在得着女子亦可柄政的启示。

第二，为了扫除创业垂统的障碍，武则天不得不推倒旧的统治团体。为了适合治理天下，收买人心的需要，她更不得不采用新的选举制度。在她开科选士，破格用人的两种方法下，旧门的儒生、寒族的文士，既得以文学升朝，而不逞的僧徒、市井的无赖，也可以夤缘入宦。这样，仕途中的干进者便愈来愈多，而朝廷中的朋党也就因此愈来愈盛。于是，我们可得一结论说：武则天的政治革命，影响了当时统治集团的波动，而这统治集团的变迁升降又造成了武则天以后一个短时期内政治上局面的不安。

植根不稳的朝臣必须依附一个皇后、皇子、外戚或公主作为将来的靠山，而素具野心的皇后、皇子、外戚或公主也必须纠合多数朝士作为政治斗争的工具。这样，朋党的结合便以秘密攫取皇位为其目标。因之，弑夺的风云也就不时涌现。当时武则天开始掀起了这狂澜，结果其皇权竟不免被这潮流所吞没。这时唐玄宗的政权实系顺此潮流的趋势而产生，当然他得注意如何遏止这种波涛的再起。

二

在景云二年（711年）的正月，当玄宗还做着太子的时候，姚崇（时为中书令）和宋璟（时为吏部尚书同中书门下三品）便已联合提出了安定皇储的政策，内容分为三条：

一、出宋王及邠王皆为刺史。

二、罢岐、薛二王左右羽林，使为左右率以事太子。

三、太平公主于东都安置。

原来，宋王成器是睿宗的嫡长子，邠王守礼是高宗当时的长孙。虽说他们自己未必就有觊觎大宝的野心，但是他们在皇室中特有的名分，却很容易被阴谋家们利用为发动政治斗争的借口。因此，在姚崇、宋璟的建议里，这二王就须外刺。

唐代的政权之争，其成败关键往往以北门禁军之向背为判定。因此，姚、宋二人认为睿宗以皇子岐王隆范、薛王隆业分统羽林禁军的政策，在这时必须改弦易辙。

太平公主是武则天的爱女，当时睿宗仅存的同母妹。在中宗御宇的时期，她已在广树朋党，自从参预讨平韦氏之乱后，其权势更加煊赫。她禀受了母氏的遗传，阴谋和野心都十分可怕。她屡谋动摇东宫，已是公开的秘密，但骨子里的企图，恐怕还要远甚于此。所以，在姚、宋二人看来，只有让她远离京师，才能使太子的安全稍得保障。

这三条建议，睿宗大体上都接受了，而且也都试着实行了。但是，除去第二条还能顺利做到外，其余两条，实际做来，却不免要遭受阻碍。宋王、邠王的刺史之命，在几天后便行收回，太平公主的蒲州之行，到五月时也就结束。而姚崇、宋璟反因此得了离间骨肉的罪名，在二月甲申，分别被贬为申州、楚州刺史。

就表面说，神龙以来频繁的政变，其结束是以玄宗诛夷太平公主之役为一转捩点。但实际上，此后玄宗皇权的巩固，恐怕还是他在开元初年的几项重要措施。而这些措施，似乎就以姚崇为其谋主。

太平公主诛夷以后，在开元元年十月，玄宗隐秘地召见姚崇于渭川，当时就任命他做兵部尚书同中书门下三品，直到开元四年闰十二月，才罢去他的相职。在这三年多当中，有两点值得我们注意。

第一，姚崇在睿宗时提出的第一条计划，在这时实现了。《旧唐书》卷八《玄宗纪》：

> （开元二年）六月丁巳，开府仪同三司、宋王成器为岐州刺史，司徒、申王成义为豳州刺史，司空、邠王守礼为虢州刺史，委务于上佐。（略）（七月乙卯）太常卿、岐王范为华州刺史，秘书监、薛王业为同州刺史（据《通鉴》卷二一一，又敕宋王以下，每季二人入朝，周而复始）。

申王成义是玄宗的次兄，岐王范、薛王业都有参预讨平太平公主的功劳。这三人或以地势凌逼，或以声望隆重，所以也同宋、邠二王视同一例。宋、申、邠、岐、薛既然都不能长期留居京师，当然，中央的政治革命便不易再起。此外，玄宗又让他们“委务于上佐”，换句话说，就是不使他们有刺史的实权，于是地方政治革命也就不必顾虑。这措施实在比姚崇在睿宗时的建议计划得更周密了。姚崇在睿宗时曾提过诸王外刺的建议，而诸王外刺又恰好在姚崇当权用事的时期真正实行，是谁协助了玄宗完成这件工作，这不是很显明的吗？

第二，在诛夷韦后和太平公主时翊赞玄宗的大臣，也在这时被斥逐了。《旧唐书》卷九七《刘幽求传》：

> 未几，除太子少保，罢知政事。姚崇素嫉忌之，乃奏言幽求郁怏于散职，兼有怨言，贬授睦州刺史。

同书同卷《钟绍京传》：

> 迁太子詹事，时姚崇素恶绍京之为人，因奏绍京发言怨望，左迁绵州刺史。

同书同卷《张说传》：

俄而为姚崇所构，出为相州刺史（案张说由宰相出相州，刘幽求亦同时罢相为太子少保，刘之罢与张有关）。

同书卷九八《魏知古传》（可参考《次柳氏旧闻》）：

姚崇深忌惮之，阴加谗毁，乃除工部尚书，罢知政事。

《通鉴》卷二一一《玄宗纪》：

（开元二年二月）戊子，贬幽求为睦州刺史，绍京为果州刺史。紫微侍郎王琚行边军未还，亦坐幽求党贬泽州刺史。

刘、钟、张、魏、王诸人皆于讨韦氏、诛太平公主二役中有功，而又均于开元元年末及二年中即姚崇始相之时，或罢相，或贬谪，或流窜。这一重公案必有其重大背景，不可仅以姚崇的嫉功作为解释。原来，玄宗在争夺政权的时期，当然要利用他们作为羽翼爪牙。这时他的目的已达，而当时又有宗室勾结大臣发动政变的风气，当然他也有理掉换目光，把他们看作毒痡恶疾。举二例明之如下。

《旧唐书》卷一〇六《王琚传》：

或有上说于玄宗曰："彼王琚、麻嗣宗谲诡纵横之士，可与履危，不可得志。天下已定，宜益求纯朴经术之士。"玄宗乃疏之。

这件事虽不必和姚崇有关，但却可从此看出玄宗对这班人疑惧的心理。《新唐书》卷一二四《姚崇传》：

然资权谲。始为同州，张说以素憾，讽赵彦昭劾崇。及当国，说惧，潜诣岐王申款。崇它日朝，众趋出。（略）（崇）曰："岐王陛下爱弟，张说辅臣，而密乘车出入王家，恐为所误，故忧之。"于是出说相州。

这件事正和姚崇有关，也正可从此看出姚崇如何利用当时玄宗忌惮大臣的心理来排斥异己。又姚崇奏请贬逐刘、钟事，既为《资治通鉴》正文和《通鉴考异》所否定怀疑，而其谗构魏知古罢相事，在《次柳氏旧闻》里，也被叙写得非常委婉。大概后来的史家，对于这位知名的贤相，总不免有些曲袒回护吧？其实，撇开姚崇的人格不谈，单就在政治上的成就说，姚崇的这种作为，正是他相业中很重要的一点。因为开元之治的基础，至少是部分地奠立在玄宗稳固的政权上，而玄宗政权之所以能臻于巩固，却正是由于开元初年诸王外刺和功臣贬逐这两项大刀阔斧的措施。

最后，必须附带说明的，还有四点。

第一，开元八年、九年间，外刺的诸王相继召回京师，而贬逐的大臣，也部分地复蒙重用，这是由于玄宗皇位已臻稳固的缘故，与本文所论主旨不但不相抵触，且可互相发明。

第二，本文中所谓翊赞玄宗的大臣，并不包括龙武功臣及玄宗居藩时的近幸在内。关于龙武功臣事，应于“玄宗时的禁军统帅”中论之。

第三，姚崇、宋璟主持停罢斜封墨敕官及塞绝幸进之路一事，颇和本文所论主旨有关，但以此属于澄清吏治范围，故在此短文内亦略而不论。

第四，宋璟继姚崇为相，大抵萧规曹随。关于安定玄宗皇位的任务，姚崇既已佐赞玄宗完成于前，故宋璟虽亦有抑压玄宗故吏功臣的表现，于此文中亦可略而不论。

唐玄宗时期之禁军及其统帅

削平了韦后的逆乱，玄宗才能以庶子的地位践登储副；扑灭了太平公主的阴谋，玄宗才能在动荡的政局中安居帝座。他这两度的大成功绝不是偶然的侥幸，禁军干部对他的拥戴乃是他获得胜利的主因。

玄宗以藩王勾结禁军干部而夺取政权。无疑地，他得尽力避免别人从而效尤。以此，睿宗以皇子分统禁军的政策到了定立玄宗为太子以后，便不得不改弦易辙了。

在睿宗景云二年，正当玄宗为太子时，姚崇、宋璟曾经联合提出安定皇储的政策，内中便有一条是更换禁军统帅的建议。

姚崇和宋璟的这一次建议，对于安定玄宗的皇位继承这一问题，有极其精密的通盘计划。在这计划当中，有一条是“罢岐、薛二王左右羽林，使为左、右率以事太子。”[1]这一条被睿宗采纳了，而且也见诸实行了。在景云二年的二月丙子，睿宗便下诏以“左羽林大将军岐王隆范为（太子）左卫率，右羽林大将军薛王隆业为（太子）右卫率”[2]。大概在同时或不久以后，睿宗又把禁军的组织略略加以改变，他让左右万骑营从左右羽林中分立，成为独立的组织。这样一来，屯守北门的军队，便一共有了四支。这左右万骑营，睿宗用了原来禁军的干部、玄宗的死党葛福顺等人来统领。

从此，又过了约有一年半的时间，玄宗正式受禅即位了。在玄宗统御天下的四十多年当中，禁军大权似乎一直握在葛福顺等一类人的手里，其中在前二十年内，王毛仲对于北门禁军，似乎尤有控制的力量。

原来，大约在定立北门四军之制的同时，睿宗又设置了龙武将军来统领左右万骑。[3]当玄宗诛夷太平公主之际，王毛仲已经以龙武将军的头衔出现[4]，及至太平公主之乱平定以后，毛仲一共做了十八年的内外闲厩监牧使。他虽然有玄宗赏赐的庄宅和奴婢，虽然有无数的驼马和钱帛，然而却常常住在闲厩

---

①② 《通鉴》卷二一〇唐睿宗纪景云二年。

③ 《通鉴》卷二一〇玄宗开元元年七月胡注。

④ 《通鉴》卷二一〇玄宗开元元年七月。

旁侧的内宅。玄宗对他的宠幸，真是达到非常奇特的程度：每次他入内侍奉玄宗，都是和诸王、姜皎等人在御幄前连榻并坐，玄宗有时见不到他，便会觉得悄然如有所失，及至见到他以后，就往往“欢洽连宵，有至日晏”[①]。毛仲虽然蒙受这样的优遇，对于公事，却极为认真。他正直不避权贵，御下极为严整。因此在他任监牧使的期间，竟没有人敢盗窃牲口的粮料。马政也大大地得到改良，十数年后就“群牧孳息，遂数倍其初”[②]。以马政一项而论，“自贞观至麟德，马蕃息及七十万匹”[③]，是全盛的时期，可是到了武后垂拱以后，因为管理的不善，马匹竟至糊里糊涂地耗去了大半。当玄宗初即位的时候，只剩下全盛时期的三分之一，总数只有二十四万。经过了毛仲的一番整顿，到开元十三年时，马匹竟又由二十四万升到四十三万，这种功劳可也真不算小。同年，玄宗为了夸耀盛强，举行封禅泰山大典。这一次，一共用了数万匹马随从。一队一队的马，是按照它们的颜色来区分的，远望上去，花团锦簇，简直如布云列锦一般。玄宗大为高兴，在泰山脚下，就加给王毛仲开府仪同三司的散位。这一个名义，玄宗不肯轻易授人，从先天（712年）以后的十五年间，只有后父王同皎

①② 《旧唐书》卷一〇六《王毛仲传》。

③ 《新唐书》卷五〇《兵志》。

和姚崇、宋璟、毛仲四人得到这种崇美的优赏。因为毛仲奉公正直，所以“两营万骑功臣，闲厩官吏，皆惧其威，人不敢犯”[①]。因为毛仲特别为玄宗所宠幸，所以“北门诸将多附之”[②]。他们往往托毛仲向玄宗奏请事件，几乎没有一次被拒绝。以此，他们也都得到过毛仲的好处，于是个个都听从毛仲的话，服从毛仲的指使。

禁军驻守在北门，是皇帝最亲近的护卫军。但也正因其如此，皇帝却必须对他们的劫持可能性时时加以防范。现在，在事实上，北门将士已经结成朋党，而王毛仲恰好又成了他们的中心，于是玄宗对于毛仲便不得不有些疑惧了。问题更严重的是万骑营的统领葛福顺又和毛仲两家结为婚姻。他们休戚相关，却正是玄宗心目中的隐患。在开元十七年，吏部侍郎齐澣就向玄宗奏陈这种危机。齐澣说：

> 福顺典禁兵，不宜与毛仲为婚。毛仲小人，宠过则生奸，不早为之所，恐为后患。[③]

并且，齐澣又建议利用宦官高力士来代替王毛仲。他又说：

① 《旧唐书》卷一〇六《王毛仲传》。

②③ 《通鉴》卷二一三唐玄宗纪开元十七年。

况腹心之寄，何必毛仲，而高力士小心谨慎，又是阉官，便于禁中驱使。[①]

不过，这时禁军统将已成朋党，根着胶固，玄宗为了防止激成变乱，暂时还不敢下手。所以他对齐澣说：

卿且出，朕知卿忠义，徐俟其宜。[②]

要对付这些近在肘腋的禁军将士的朋党，当然是件相当危险的事，所以齐澣又特别请求玄宗保守秘密：

臣闻君不密则失臣，臣不密则失身，唯圣虑密之。[③]

可是齐澣后来竟自己把这个秘密泄露给他的好友，由大理丞左迁兴州别驾的麻察，麻察把这话上奏给玄宗。玄宗于是大怒说道：

卿向道君不密则失臣，臣不密则失身，而疑朕不密。

---

①②③ 《旧唐书》卷一九〇中《文苑传齐澣传》。

而翻告麻察，是何密耶？麻察轻险无行，常游太平之门，卿岂不知耶？[①]

于是浣、察得了“交构将相，离间君臣”[②]的罪名，浣贬为高州良德丞，察再贬为浔州皇化尉。

在齐浣向玄宗建议的时候，玄宗对毛仲已是颇具戒心，而在这前后，毛仲又连续做了几件叫玄宗不快意或是犹疑的事情：（1）毛仲向玄宗求做兵部尚书，玄宗不曾答应，毛仲便怏怏现于辞色[③]；（2）毛仲生了儿子，玄宗特地派了高力士赏赐他很多的酒馔和金帛，并且还授其儿为五品官，但毛仲仍不满意，却把那个襁褓中的小孩子抱给力士看，而且又说：“是儿岂不堪三品邪？”[④]（3）开元九年四月，毛仲曾受命为朔方道讨击防御大使。可是过了多年之后，毛仲仍然向太原军器监索取甲仗，太原少尹严挺之认为这件事既没有敕命，而且毛仲又宠幸日久，恐怕发生什么意外的花样，就把这事密奏于玄宗。[⑤]大概经过了许久的考虑，玄宗终于下了决心，到开元

① 《旧唐书》卷一九〇中《文苑传齐浣传》。

② 《通鉴》卷二一三唐玄宗纪开元十七年。

③ 《旧唐书》卷一〇六《王毛仲传》。

④ 《通鉴》卷二一三唐玄宗纪开元十八年。

⑤ 《旧唐书》卷九九《严挺之传》。

十九年的正月，就把毛仲贬流出外。为了防止他的党羽因震惧而为变，所以在那道制诏里只空空洞洞地叙述了毛仲不忠怨望的罪状，而没有实实在在地把隐情揭露出来。那制诏的原文是：

> 开府仪同三司、兼殿中监、霍国公、内外闲厩监牧都使王毛仲，是惟微细，非有功绩，擢自家臣，升于朝位。恩宠莫二，委位斯崇。无涓尘之益，肆骄盈之志。往属艰难，遽兹逃匿，念深惟旧，义在优容，仍荷殊荣，蔑闻悛悔，在公无竭尽之效，居常多怨望之词。迹其深愆，合从诛殛，恕其庸昧，宜从远贬，可瀼州别驾员外置长任，差使驰驿，领送至任，忽许东西及判事。①

大概在同时或略后，毛仲的一群党羽也都全行被流贬为远州别驾。“左领军大将军耿国公葛福顺，贬壁州员外别驾；左监门将军卢龙子唐地文，贬振州员外别驾；右武卫将军成纪侯李守德，贬严州员外别驾（案：李守德即李宣德，于诛灭太平公主后改名）；右威卫将军王景耀，贬党州员外别驾；右威卫

① 《旧唐书》卷一〇六《王毛仲传》。

将军高广济，贬道州员外别驾。”[1]其他连坐的还有数十人。这些人的职事，虽然都是南衙诸卫的大将军或将军，但他们既然都是王毛仲的党羽，而比附王毛仲的又皆为北门将士，所以推想下来，他们大概是以诸卫之统将而兼任守护北门之职。

玄宗这一次把王毛仲和他的党羽一网打尽。在事前他曾有怎样的安排，现在已经无从查考，此后他对禁军统将的处理，有三点大可注意：

第一点，王毛仲没有能到达贬所，在行经永州的时候，便被诏命追赐缢死。在他死后不久，他的党羽就有一些复蒙叙用。例如葛福顺在开元二十年的九月，就又以右领军将军的头衔讨击渤海。胡三省注《通鉴》时，曾注意到此事，他说：

> 去年春，葛福顺方以党附王毛仲，今则仍为宿卫，盖毛仲既诛，福顺等复叙用也。开元九年贬王晙梓州，已而复为尚书，复居边任，事亦类此。[2]

不过，如葛福顺，虽然召回京师，但是否仍旧检校北门禁

---

① 《旧唐书》卷一〇六《王毛仲传》。

② 《通鉴》卷二一三唐玄宗纪开元二十年九月胡注。

军，我们无法知悉，照推想，这似乎也不是没有可能性。

第二点，齐浣虽然曾向玄宗建议用高力士代替王毛仲，但高力士在一生中，似乎并没有典掌过羽林和龙武禁军。据《新唐书·王铁传》，他曾经率领飞龙小儿甲骑四百人讨平王銲、邢縡之乱，据《旧唐书·宦官传李辅国传》，他曾经让李辅国掌厩中簿籍。前一事也许是玄宗临时给予他的诏命，后一事也许是因为他是宦官的头领。但这二事都和飞龙厩有关，或者他在飞龙厩也兼有重要的职事。然而纵使如此，这一职任也并不是禁军的统领。又《通鉴》和《旧唐书·王毛仲传》虽然都说："自毛仲诛后，宦官势益盛"，然而新旧唐书的《宦官传》序和《高力士传》却只说玄宗时宦官常常出使监军，而不曾有只字提到他们和禁军的关系。所以，玄宗虽然是开启宦官专政之风的始作俑者，但他却并不曾把禁军的大柄交付给宦官。

第三点，玄宗虽然以王毛仲事件逐斥了许多中、睿时的禁军干部，可是他并没有玉石俱焚地把他们全部撤换。他只是贬流了王毛仲的党羽，至于那些淳朴自检的将士，却不曾受到处分。例如神龙时的万骑营果毅陈玄礼，就没有受到王毛仲的牵累。他一直宿卫宫禁，志节不衰，直到玄宗幸蜀的时候，他仍旧担任禁军统帅龙武大将军之职。在驾出长安的前夕，"整比六军”，选闲厩马九百余匹随从等类的事务，也全是由他办理的。大概王毛仲和葛福顺贬黜以后，陈玄礼便是他们的代替人。陈玄礼和葛福顺的出身经历完全相同，所以玄宗虽在开元十九年诛杀了王毛仲，但是他以龙武功臣统领禁军的政策可以说是始终未变。

在这里，有一点是必须要附带说明的。前一段中“整比六军”一语，系引用《通鉴》卷二一八肃宗至德元载六月甲午条原文。其实则玄宗时的禁军制度和睿宗时的相较，并无大的变化，就是说，北门禁军只有四支，一仍其旧。开元二十六年虽有“分左右羽林置龙武军，以万骑营隶焉”[①]之改革，同年又曾分左右羽林置左右神武军。[②]但事实上，羽林之分为龙武，只不过是把左右万骑营正式改称为左右龙武军而已。而左右神武二军，则只有短时期存在，不久又复废弃。龙武大将军一职，也许是在此时添置，以后仍旧保存，这是一个变化。而开元二十六年以后，北门仍旧只有四支军队，却是一个定论。从此直至至德元载六月甲午，并无增为六军之事。禁军之增设为六，是至德元载七月壬寅的改革。那一天，玄宗在幸蜀途

① 《通鉴》卷二一四唐玄宗纪开元二十六年。

② 《新唐书》卷四九上《百官志》左右神武军条。

中，驻跸散关，才“分部下为六军，寿王瑁等分统六军，前后左右相次”[①]。以陈玄礼为六军兵马使。[②]到肃宗至德二载返京以后，复置左右神武军，取从帝马嵬北行，及自灵武还京师者即元从子弟充之。这样，左右羽林、左右龙武、左右神武，始总谓之北牙六军。[③]故禁军有六支之制度，至德二载才正式成立，六军的名称，也是从至德元载的七月壬寅才有。在此以前，陈玄礼所整比的实只应有四军。那么，《通鉴》至德元载六月甲午条所记“整比六军”之语，若不是因袭《周礼》“天子六军”的说法，只是文学上的叙写，便是没有详考是岁七月壬寅始分六军之事实。《旧唐书·肃宗纪》也有“六月丁酉，至马嵬，顿，六军不进”一语，和《通鉴》正犯了同样的过失。至同书同卷中又说“时从上，唯广平、建宁二王及四军将士才二千人”，才是真正的实录。这一点，从表面看，似乎只是枝节的问题，但因其与兵制有关，故不得不辨。

话说回来，葛福顺、陈玄礼、王毛仲等人，都参与了讨平韦后及太平公主二役，他们也应该是玄宗的功臣。但玄宗何以把郭元振、刘幽求等功臣加以无情的贬谪，而对王毛仲等功

① 《旧唐书》卷九《玄宗纪下》。

② 《通鉴》卷二一九唐肃宗纪至德二载七月壬子条。

③ 《通鉴》卷二二〇唐肃宗纪至德二载。

臣，反倒委以禁兵的权柄呢？解答这一点，我们必须要把玄宗的功臣分为两类，一类是在朝廷中夙负重望的人物，如刘幽求、郭元振等是。在玄宗以前，大臣们勾结诸王公发动政变的事实，已经屡见不鲜，所以玄宗对他们特加疑忌。另一类是毫无地位也没有知识的奴婢贱卒，如王毛仲、陈玄礼等是。在玄宗以前，这类人在政治上还不曾出过什么毛病，充其量也不过是供王公大臣利用而已。以此，玄宗对他们并不十分戒惧。在这样情形下，刘幽求、郭元振等人虽然已是鸟尽弓藏，而王毛仲、陈玄礼等人却依旧为玄宗宠爱的鹰犬。

王毛仲本是高丽人，他父亲曾在唐朝做过武官，后“坐事没为官奴”，毛仲是在他父亲“没官”以后出生的，长成以后，就被赐给玄宗做奴隶，为了性识明悟，所以很得玄宗爱怜，常常随从在玄宗身旁。后来玄宗在以临淄王出兼潞州别驾的时候，又看中了人家的私奴李守德，便花了五万钱买来，王毛仲、李守德都是骑射的能手，故玄宗还居京师，常让他们二人带着弓箭在左右侍卫。

王毛仲是官奴，李守德是私奴，出身自是微贱到极点，陈玄礼和葛福顺等人，据考查结果，可以知道也和他们不相上下。原来，葛福顺、陈玄礼都出于中宗时的万骑，而中宗时的万骑，正是由蕃口户奴中挑选出来的。

《旧唐书·王毛仲传》中说：

> 初，太宗贞观中，择官户蕃口中少年骁勇者百人，每出游猎，令持弓矢于御马前射生，令骑豹文鞯，著画兽文衫，谓之百骑，至则天时，渐加其人，谓之千骑，分隶左右羽林营。孝和谓之万骑，亦置使以领之。

《通鉴》卷二〇九唐睿宗纪景云元年六月条亦记此事：

> 初，太宗选官户及蕃口骁勇者，著虎文衣，跨豹文鞯，从游猎，于马前射禽兽，谓之百骑。则天时稍增为千骑，隶左右羽林，中宗谓之万骑，置使以领之。

照这两条记载，则似乎太宗于初置百骑之时，已是取官户蕃口充之，而《新唐书·兵志》云：

> （贞观）十二年，始置左右屯营于玄武门，领以诸卫将军，号“飞骑”，其法：取户二等以上、长六尺阔壮者，试弓马四次上、翘关举五、负米五斛行三十步者。复择马射为百骑，衣五色袍，乘六闲驳马，虎皮鞯，为游幸翊卫。

《通典》卷二八《职官典》武官上左右羽林卫条云：

> 大唐贞观十二年，于元武门置左右屯营，以诸卫将军领之，其名曰“飞骑”。又于飞骑中简才力骁捷善射者，号为“百骑”。扈从游幸，则衣五色袍，乘六闲马，赐猛兽衣韉。

照《通典》所记，可知太宗时百骑系取自飞骑，而照《新唐书·兵志》所记，则太宗时飞骑乃取户二等以上之壮健者充之。据此，则太宗时百骑，并非取自官户。与前面所引的《通鉴》及《旧唐书·王毛仲传》二条所记大有不同。又我们若把所引的《通鉴》和《旧唐书·王毛仲传》二条比较对照，则可以见出其文字约略相同。因之可以断言，《通鉴》此条所记实即采自《旧唐书·王毛仲传》，故此二条所言太宗时即取官户充百骑者，不应算作两条各自独立的证据，而胡三省于注《通鉴》时，也认为以户奴为禁军，并非太宗时的办法。他曾经两度提出此点。《通鉴》卷二一〇唐睿宗纪景云元年八月万骑营恃讨诸韦之功条胡注云：“户奴为万骑，盖必起于永昌之后。”又同书卷二一三唐玄宗纪开元十八年开府仪同三司、内外闲厩监牧都使、霍国公王毛仲恃宠骄恣日甚条胡注云：“中宗以户奴为万骑。”

胡三省之注《通鉴》，态度极为谨慎，他说“户奴为万骑，盖必起于永昌之后”，必有所见始云然。证之《新唐书·兵志》及《通典·职官典》之记录，则太宗并未以户奴为万骑，尤易明了。而况唐初兵役之法未坏，人民尚无贱视兵士的心理，此际忽取官户充当亲重之侍卫，揆之情理，亦极不合。所以我们相信《旧唐书·王毛仲传》所言太宗择官户蕃口充百骑之事，乃修史者笼统叙述，失于检点之失，而《通鉴》则系因袭《旧唐书·王毛仲传》之疏误。胡三省以为以户奴为万骑必起于永昌之后，实系极谨慎之看法。

不过，无论怎样，中宗时的万骑，乃系以户奴及蕃口充当，殆无疑问。葛福顺、陈玄礼既为中宗时万骑营之果毅，则其出身之低微可以想见。所以高力士在论王毛仲骄恣不法时曾说：

> 北门奴官太盛，相与一心，不早除之，必生大患。①

高力士所以称北门将领为奴官者，盖以典禁兵诸人若王毛

① 《通鉴》卷二一三唐玄宗纪开元十八年。

仲及李守德皆出玄宗之奴；而葛福顺等复出于万骑，而万骑则出自户奴也。其他与毛仲同贬之唐地文、王景耀、高广济诸人，其身家虽无可考，但从高力士一概称之为奴官看来，他们一定是和葛福顺等人同为万骑功臣，同系出自厮养贱役。

于此，也许有人要问，照前面的说法，玄宗时期的禁军大权是操在一班所谓奴官的手里，可是禁军之中，左右羽林实是主体。在玄宗时，曾经除授过许多大将做左右羽林大将军，这班大将并非龙武功臣，那么应当做若何解释呢？对于这一问题，我们的解答是：玄宗所除授的左右羽林大将军，多半居边为总管节度之职，这一种除授，只是加衔或遥领的性质，而并不是让他们实际典掌禁兵。例如：

1. 开元二年八月乙亥“命薛讷白衣摄左羽林将军为陇右防御使”讨吐蕃，“十月甲子，大破之”。[①]“玄宗大悦”，“命紫微舍人倪若水往，即使叙录功状，拜讷为左（？）羽林大将军”。[②]三年夏四月庚申，“以右羽林大将军薛讷为凉州镇大总管，赤水等军并受节度，居凉州”。[③]如此看来，在这期间，薛讷并未离开过陇右，他做羽林大将军，

---

① 《通鉴》卷二一一唐玄宗纪开元二年。

② 《旧唐书》卷九三《薛讷传》。

③ 《通鉴》卷二一一唐玄宗纪开元三年。

只不过是虚衔。

2. 开元三年四月庚申，以“左卫大将军郭虔瓘为朔州镇大总管，和戎等军并受节度，居并州”，十一月丁酉，“以左羽林大将军郭虔瓘兼安西大都护，四镇经略大使”。[1]可见郭虔瓘虽有左羽林大将军之授，却长期驻节边陲，并未典掌羽林实职。

3. “开元三年，制授苏禄为左羽林大将军、金方道经略大使。”[2]苏禄是突骑施酋长，从未入朝长安，这一授当然是虚名。

4. 开元十五年春正月辛丑，凉州都督王君㚟破吐蕃于青海之西，“君㚟以功迁左羽林大将军”，九月丙子，吐蕃大将悉诺逻恭禄及烛龙莽布支攻陷瓜州，执刺史田元献及河西节度使王君㚟之父，进攻玉门军。纵所虏僧使归凉州，谓君㚟曰：“将军常以忠勇许国，何不一战？君㚟登城西望而泣，竟不敢出兵。”[3]则君㚟始终镇守凉州，其羽林大将军之授，乃虚衔也。

5. “开元二十三年二月，幽州节度使张守珪诣东都献捷，

---

① 《通鉴》卷二一一唐玄宗纪开元三年。

② 《旧唐书》卷一九四下《突厥传下》。

③ 《通鉴》卷二一三唐玄宗纪开元十五年。

拜右羽林大将军兼御史大夫”[①]，“余官并如故”[②]。守珪此次到东都的目的，只在献捷，不久即远镇幽州，则此右羽林大将军之授，亦虚衔也。

6. 开元二十六年，王忠嗣以击吐蕃功最，拜左金吾卫将军同正员，寻又兼左羽林军上（？）将军、河东节度副使兼大同军使。二十八年，以本官兼代州都督摄御史大夫兼充河东节度。[③]则王忠嗣之为左羽林大将军，乃以河东节度遥领也。

在玄宗诛夷太平公主以后，真正在中央朝廷做过羽林大将军的，只有二人可考，一是张暐，另一为崔日知。但他们是否握有实权，也还有疑问。

崔日知在开元十四年二月丙辰，由殿中监迁左羽林大将军。[④]不久以后，即迁太常卿，到开元十六年，又出为潞州大都督府长史。[⑤]所以他典掌羽林的时间是很短的。

张暐在睿玄传禅之际，曾经做过右羽林将军[⑥]，此后在开

---

① 《通鉴》卷二一四唐玄宗纪开元二十三年。

② 《旧唐书》卷一〇三《张守珪传》。

③ 《旧唐书》卷一〇三《王忠嗣传》。

④ 《通鉴》卷二一三唐玄宗纪开元十四年。

⑤ 《旧唐书》卷九九《崔日用传附崔日知传》。

⑥ 《旧唐书》卷九七《刘幽求传》。

元中又做过左羽林大将军。[1]他任左羽林大将军的起讫年月全无可考，任期的长短也不知悉。论起他的出身和进仕的缘由，也是相当特别。在景龙年间，他曾经做过铜鞮令，恰巧那时玄宗出任潞州别驾，张暐知道玄宗是个不凡的王子，所以就尽力和玄宗拉拢。他的家里本来十分富有，同时他那打猎的嗜好也投了玄宗的胃口。这样，他便和玄宗每日在一起游乐，融融洽洽地相处。凑巧这时乐工赵元礼自山东来到潞州，并且带来了他的长于歌舞的女儿。玄宗很喜爱这女子，于是就和她休止在张暐的家里。后来这赵姓的女子生下了一个贵儿，那便是玄宗初年的太子瑛。等到玄宗讨平了韦后之乱，升登储位，张暐就做了宫门大夫。这时他常和诸王、姜皎、崔涤、李令问、王守一、薛伯阳等人侍奉在玄宗的左右，一同追欢寻乐。所以案考他的行迹，实是属于佞幸一流，而并非真正的朝廷将相。

至此，乃可做本节的总结论四：

1. 玄宗以藩王勾结禁军，得登大宝，故不愿再让诸王与禁军有所接触。睿宗在禅位前，亦已深知其意，故接受姚崇、宋璟之建议，罢岐、薛二王羽林。

2. 玄宗始终以大权畀与其亲信之奴官，前则有王毛仲其

---

① 《旧唐书》卷一〇六《张暐传》。

人，后则有陈玄礼其人。此辈奴官，不外二种，一类系玄宗之私人奴隶，一类则为出自官户之龙武功臣。

3. 玄宗虽信任宦官高力士，然始终不曾以禁军大权授之，终玄宗之世，宦官绝未典掌禁军。

4. 玄宗虽往以锡赐其边将以左右羽林大将军之嘉名，然多系虚衔，或为遥领。其中朝官员之任此职者，为数极少，且恐亦无实权。

唐玄宗时期吏治与文学之争

在姚崇用事的期间，匡赞玄宗的大臣，如刘幽求、张说之流，都相继被贬逐流窜。这主要的原因，较为明显地，是为了要使玄宗的皇位更加安定。但是，在骨子里面，姚崇和这些功臣中间的互不相容，似乎还隐含着用吏治与用文学的政见不同。关于这一点，他们自己是否已有一种自觉，现在无从知道，可是这种冲突，却一定是存在着的。

我们先看狄仁杰、五王（桓彦范、敬晖、张柬之、崔玄玮、袁恕己）、姚崇一班人的出身和行迹。

姚崇本来是奉中宗复辟的五王的与党，五王又多半得过狄仁杰的推荐。我们对这班人的出身和行迹若一加分析，便可以知道他们都不以文学知名，反过来，却全都长于吏务，而把文士看作龌龊不足道的。

狄仁杰　狄仁杰出身于明经擢第，在高宗仪凤年间做到大理丞。在他任这职务的一年中，一共断了一万七千人的滞狱，而结果没有一个人称冤上诉。后来，他曾做过宁州刺史。宁州属关内道，是戎夏杂处的地方，可是狄仁杰抚慰得很完善，他能使戎夏和平相处，而对他都很满意，为了感戴他的德政，郡人特地为他勒碑歌颂。奉命巡察陇右的郭翰，是一个严峻的御史，所到之处都要有所按劾，可是他到宁州境内的时候，听到耆老赞美的声音，于是便宣布不在此地多留，而把他的善政报告给政府。这样，他就被征到京师，升了官，做到冬官侍郎。他在做豫州刺史的时候，也同样得到民众的拥戴，种种善政，居然在过了好多年以后，还能留在武则天的记忆里。①从这些事实，我们在在都足以证明他特别长于吏治，相反地，我们却从没有见过有称赞他擅长文辞的记载。

张柬之　张柬之是从进士擢第出身的，在永昌元年，他又应贤良方正科制举，得登甲科，为天下第一，大概颇能文辞。可是，他并不以此著名，在狄仁杰把他推荐给武则天的时候，其中有数语颇耐寻味：

陛下若求文章资历，则今之宰臣李峤、苏味道亦足为

① 《旧唐书》卷八九《狄仁杰传》。郭翰巡察宁州事，亦见刘肃《大唐新语》卷九《从善篇》。

之使矣，岂非文士龌龊，思大才用之以成天下之务者乎？（略）荆州长史张柬之，其人虽老，真宰相材也。

遂迁秋官侍郎。可见他和专以文学辞章见用的苏、李一流，确实不属于一类。但秋官侍郎虽是朝廷要职，仍然不是宰相，他做宰相，直接是得到姚崇的协助，所言亦与狄仁杰语相似：

张柬之沉厚有谋，能断大事，且其人年老，陛下急用之。①

可见他之进用，乃是由于吏道，而不是由于文才。

桓彦范　桓彦范的出身不由科第，而由门荫。他也是受知于狄仁杰的一个，仁杰很称赞他的“才识”。②这所谓“才识”，显明地是指识见，而绝不是指文才。

敬晖　敬晖是由明经出身的，在他做东都副留守时，“以清干著闻”③。可见他也是讲求吏干的一个。

崔玄暐　崔玄暐也是以明经擢第的。他在少时颇留心于诗赋，可是到了晚年，以为文辞非己所长，他就不复在这上面用

① 《大唐新语》卷六《举贤篇》。
② 《旧唐书》卷九一《桓彦范传》。
③ 《旧唐书》卷九一《敬晖传》。

功夫，而专心致力于经籍训注。那么，辞采文藻也和他没有多大缘分，是可以想见的了。[①]

姚崇　姚崇虽然也应过词科，但他最初却用门荫做过挽郎。他之特别为武则天所赏识超擢，即由于吏道敏捷。在开元初年用事之际，亦特以明于吏道见称。[②]可见，他虽然也以文华著名[③]，但却不以此见重。

而在另一方面，拥戴玄宗的，也就是在开元初年被斥逐的一班大臣，却多数特别以文学见长。例如：

刘幽求　刘幽求出身于久视元年的经邦科。在平韦后之乱的一夜当中，他草了一百多道的制敕，可见他的文学素养之深。所以在太平公主被诛以后，玄宗召用他做宰相的制诏里，就特别称扬他的文才学问：

> 刘幽求风云玄感，川岳粹灵，学综九流，文穷三变。[④]

郭元振　郭元振是由进士出身的。在他任通泉尉的时期，

---

① 《旧唐书》卷九一《崔玄暐传》。

② 《旧唐书》卷九六《姚崇传》、卷九八《卢怀慎传》。

③ 《大唐新语》卷六《举贤篇》。

④ 《旧唐书》卷九七《刘幽求传》。登久视元年经邦科系据徐松《登科记考》。

行为颇不检点，武后便召他来诘问。在谈话当中，武后发现了他的奇特，于是就要他的文章看。其中有《古剑歌》一篇，大得武后的称赞。①

张说　张说是唐代有数的文豪，是玄宗时文人的领袖。武后垂拱四年，他应词标文苑科的考试。这次武则天破天荒亲自临试，投考的人特别的多，在将近万人的竞赛之下，他被取录为第一名。武后非常高兴，除开任命他做太子校书郎外，还命令“写策本于尚书省，颁示朝集及蕃客等，以光大国得贤之美。”②

魏知古　魏知古也是以进士擢第出身的。很早就以“有雅才”③著闻。

赵彦昭　赵彦昭少时即以文辞知名，也是由进士出身的。④张说在岳州所著的《五君咏》中，也有赞咏他词采的诗句。⑤

---

① 《文苑英华》卷九七二张说《郭震行状》。《古剑歌》一作《宝剑篇》，见杜甫《过郭代公故宅》。

② 《大唐新语》卷八《文章篇》。应垂拱四年词标文苑科系据《登科记考》。

③ 《新唐书》卷一二六《魏知古传》。

④ 《旧唐书》卷九二、《新唐书》卷一二三《赵彦昭传》。

⑤ 《张说之文集》卷一〇《五君咏》五首之五：“耿公山岳秀，才杰心亦妙，鸷鸟峻标立，辰玉扣清调。”

姚崇的政见既是用吏治的一派，在他用事的时候，相应地，我们在开元初年不见有什么特别提倡文辞的措施。个人在家庭里，他希望他儿子能知吏务，因此对于姚奕，“欲使不越官次而习知吏道”[①]。在朝廷用人方面，也特别看重识见，而不注意文辞。例如萧嵩寡于学术，同僚都不很看得起他，而姚崇对他却特别垂青，“许其致远，眷之特深”。又萧嵩在做洺州参军时，他的上司洺州刺史是桓彦范，也曾“见之推重，待以殊礼”[②]。此亦可证姚崇与五王等人在用人藻鉴方面有同好之雅。又如严挺之本是文士，后来以此为李林甫所忌，但姚崇对他的器异，却是由于“体质昂藏，雅有吏干”[③]。这些都是很好的例子。

在姚崇罢相不久以后，玄宗便开始注意到秘书典籍的整理。开元五年，秘书监马怀素上奏，谓秘书省图书多有散乱讹缺，请求加以整比校补，于是玄宗就任命了左散骑常侍褚无量为修书使，在东都乾元殿前编校群书。[④]开元六年，驾还长安，仍敕无量在丽正殿前修书，改乾元院为丽正修书院，

① 《新唐书》卷一二四《姚崇传附子奕传》。

② 《旧唐书》卷九九《萧嵩传》。

③ 《旧唐书》卷九九《严挺之传》。

④ 《旧唐书》卷四三《职官志》中书省集贤殿书院条，卷一〇二《马怀素传》；《新唐书》卷二〇〇《儒学传下褚无量传》。

改修书官为丽正殿直学士。[1]八年春正月无量卒，命右散骑常侍元行冲编任。[2]九年十一月，四部目录成，合二百卷，行冲上之。[3]

可是，在这时修书的人，大体上都是儒生。修书的总使系马怀素、褚无量、元行冲，其他参预的人，据《新唐书》卷一九九《儒学传中马怀素传》所载，有尹知章、王直、赵玄默、吴绰、韦述、马利徵、刘彦直、宋辞玉、陆绍伯、李子钊、殷践猷、解崇质、余钦、王愜、刘仲丘、侯行果、袁晖、晁良、毋煚、王湾、郑良金、殷承业、徐楚璧、卢俌、崔沔、田可封、康子元、冯朝隐、权寅献、孟晓、韩覃、王嗣琳、张悱、崔藏之等人，据同书卷二〇〇《儒学传下褚无量传》所载，又有卢僎、陆去泰、王择从等人。在这中间，总其事的马怀素、褚无量、元行冲都是以儒学知名的，马怀素是“博览经史”，褚无量是“尤精三礼及史记”，元行冲是“博学多通，尤善音律及诂训之书”，都不是特以文学见长的。[4]其

---

① 《旧唐书》卷一〇二《褚无量传》；《新唐书》卷四七《百官志》中书省集贤殿书院条。

② 《通鉴》卷二一二唐玄宗纪开元八年。

③ 《旧唐书》卷八《玄宗纪》。

④ 《旧唐书》卷一〇二《马怀素传》《褚无量传》《元行冲传》。

他参预的人，事迹多不可考。其可考者，如韦述虽亦长于词学，然特以史才谱学知名[①]；崔沔虽有文辞，但礼经是所最善[②]；殷践猷则博学，尤通氏族、历数、医方[③]；尹知章则遍明六经而多注解《易经》、老、庄之书[④]；康子元、侯行果精于《易经》、庄、老[⑤]；马利徵则由儒缓而免官[⑥]。至如王直任四门助教，赵玄默值国子监，余钦为四门直讲，郑良金为太常寺太祝，似乎都是明经的一流。[⑦]其中专以文辞擅名的，亦只有王湾和徐楚璧而已。

不过玄宗对于这班人和所做的工作，并不见十分重视，比如在开元九年元行冲献上目录的时候，诸修书官都没有得到赏擢。[⑧]所以史臣说，此诸儒者，皆不甚得志，以“此道非趋时之具”[⑨]之故。

玄宗的重视文治，以张说的用事为真正的转捩点。

张说在开元九年任相，十一年兼任修书使，丽正院置修书

---

① 《旧唐书》卷一〇二《韦述传》。

② 《旧唐书》卷一八八《孝友传崔沔传》。

③ 《新唐书》卷一九九《儒学传中殷践猷传》。

④ 《旧唐书》卷一八九下《儒学传下尹知章传》。

⑤ 《新唐书》卷二〇〇《儒学传下康子元传》。

⑥⑦⑧ 《新唐书》卷一九九《儒学传中马怀素传》。

⑨ 《旧唐书》卷一〇二《马怀素等传》传论。

学士。[1]十三年，改丽正殿修书院为集贤殿书院，定书院官五品以上为学士，六品以下为直学士，张说以宰相为学士知院事，徐坚以左散骑常侍为副知院事。玄宗本来要以张说为大学士，但张说谦不肯受。[2]后来在集贤学士会宴的时候，张说又以为学士应以道义相高，不当以官班尊卑为前后，而命数杯一时同饮。[3]这样一来，修书官的地位便大为提高。

张说在当时本是文士的领袖，这时凑巧碰到长久升平的时期。在太平盛世，好大喜功的君主，往往要粉饰文治。张说以其人适当其会，对于这方面特别注重，自在情理之中。在他任集贤学士知院事的期中，所引用的人物，大都是文采之士。例如徐坚便是参预过《三教珠英》的修纂的，韦述是兼综文史二者之长的。贺知章则“少以文词知名”，举进士，晚年“醉后属词，动成卷轴，文不加点，咸有可观”。[4]徐安贞则“尤善五言诗，尝应制举，一岁三擢甲科”，其后掌知制诰，尤负盛

---

① 《通鉴》卷二一二唐玄宗纪开元十一年；《新唐书》卷四七《百官志》中书省集贤殿书院条。

② 《旧唐书》卷九七、《新唐书》卷一二五《张说传》；《旧唐书》卷一〇二《徐坚传》；《新唐书》卷四七《百官志》中书省集贤殿书院条。

③ 《大唐新语》卷七《识量篇》。

④ 《旧唐书》卷一九〇中《文苑传贺知章传》。

名。[1]其他为张说所赏识提拔的人，也全是以文辞知名的，张说对人士的批评，也常常用文章来做标准。例如：

孙逖　曾擢进士第，又登哲人奇士隐沦屠钓、手笔俊拔、文藻宏丽、贤良方正等科，以文思敏速、善思精练知名[2]，所以就得到张说的引重。

王翰　也是负有才名的，曾经擢进士第，在张说做并州长史的时候，对他是礼遇备至。后来，他又连登直言极谏、手笔俊拔及超拔群类等科。到张说辅政为相时，便召他到中央来做官，后来张说失势了，他也出为汝州长史。[3]

张九龄　也是一个最知名的文学家。当他十三岁时，就以文辞得到广州刺史王方庆的赞赏。据说在张说贬流岭南时，九龄和说已有来往。武后长安二年，他及进士第，中宗景龙元年，登材堪经邦科，先天元年，登道侔伊吕科。他和张说既同是文人，气类本近，于是因为同姓的关系，就叙为昭穆。他们中间的交谊实在是十分深厚。张说特别重视他，说他是“后来

---

① 《旧唐书》卷一九〇中《席豫传附徐安贞传》。

② 《旧唐书》卷一九〇中《文苑传孙逖传》。案，据《登科记考》，孙逖于开元二年及进士第，同年登哲人奇士隐沦屠钓科及手笔俊拔科，十年登文藻宏丽科，十四年，登贤良方正科。

③ 《新唐书》卷二〇二《文艺传王翰传》。案，据《登科记考》，王翰于景云二年及进士第，开元二年登贤良方正、直言极谏及手笔俊拔科。

词人之首”，九龄也把张说看作知己，因此就依附于说。[①]从这里，便可以看出他们结识的原委了。

张说当权用事的时候，既极度推引词学之士，所以当时的文士，也都趋附于他。除掉上面列举的诸人以外，还有袁晖、许景先，及韦述的弟兄六人与赵冬曦的弟兄六人等，都是常游张说之门的。其中，赵、韦昆季都以词学登科，所以张说称扬他们，说是“今之杞梓”[②]。袁晖事迹不可考，唯知其曾于景云二年登文以经国科[③]，大概也是能文的。许景先则是文章名手，他的制诰和齐浣、王丘、韩休、张九龄同样有名，其特点是雅厚丰美。他中过进士，登过手笔俊拔、茂才异等诸科。在中宗时，曾经献过《大像阁赋》，因为文辞美丽，使李迥秀大为惊叹。[④]

张说不但以文章来提拔人士，同样，他也以“无文”来排斥人，例如崔隐甫和张说的仇隙就是由此而起的。原来，在玄

---

① 《新唐书》卷一二六、《旧唐书》卷九九《张九龄传》。案，进士及第及登制科据《登科记考》。

② 《旧唐书》卷一〇二《韦述传》。据《登科记考》，赵冬曦于神龙二年及进士第，先天元年登贤良方正、藻思清华二科。

③ 此据《登科记考》。

④ 《新唐书》卷一二八《许景先传》；《旧唐书》卷一九〇中《文苑传许景先传》。

宗把崔隐甫从河南尹征召欲加重用的时候，张说却因为他无文而上奏拟用为武职金吾大将军，另外推荐崔日知为御史大夫，玄宗不从，就用了崔隐甫做御史大夫，而用崔日知做左羽林大将军，这样，隐甫便怀恨在心。[①]崔隐甫不由科第进身，而吏治优长，有威名，又有惠政。[②]

同时还有宇文融，大概是由门荫出身的。他的特长是吏治，当然和张说不是一路的人。这时，他正做着御史中丞、户部侍郎兼劝农使，以进献理财之策，大得玄宗的宠信。张说一方面厌恶他不是同道，另一方面又不乐意着他握有风宪财政两种大权，因此处处与他为难。这样，宇文融和张说之间也生了嫌隙。[③]

由是，宇文融便勾结了李林甫。李林甫也是由门荫出身的。开元十四年，宇文融便引用他做御史中丞，来共同图谋推翻张说。[④]

---

① 《通鉴》卷二一三唐玄宗纪开元十四年二月丙辰条。案，崔日知似亦不以文名，张说特荐之者，说与日知之从弟日用同为玄宗功臣也，又日知与说尝同为魏元忠朔方判官，故相交善也。

② 《新唐书》卷一三〇《崔隐甫传》；《旧唐书》卷一八五下《良吏传崔隐甫传》。

③ 《旧唐书》卷一〇五《宇文融传》。

④ 《旧唐书》卷一〇六《李林甫传》。

在开元十四年的四月，得着了一个机会，崔隐甫、宇文融、李林甫便联合起来弹劾张说，罪状是引术士占星，徇私僭侈，受纳贿赂。玄宗虽然怜惜张说，但毕竟罢免了他的相职。①

这次预谋倾覆张说的崔隐甫、宇文融、李林甫三人都不由进士词科进用，而皆以吏干知名，可见朝臣结党，已经明显地分为吏治和文学两派了。

在张说死后，玄宗便已渐次起用张九龄。最先，召用他做秘书少监、集贤院学士，不久，又迁擢为工部侍郎，知制诰，更后，又用为中书侍郎，甚得玄宗亲信。②到开元二十一年十二月，便正式用了张九龄做宰相。③二十二年正月，九龄自韶州入见玄宗于东都，正式视事。④张九龄特以文学得宠信，这时虽然已经致位宰相，但还常常被召至翰林视草。⑤

以后只隔了数月的功夫，在二十二年的五月，玄宗又用李林甫为相。⑥

---

① 《旧唐书》卷九七《张说传》。罢相年月据《新唐书》卷六二《宰相表》。

② 《新唐书》卷一二六、《旧唐书》卷九九《张九龄传》。

③ 《新唐书》卷六二《宰相表》。案，九龄时居母丧。

④ 《通鉴》卷二一四唐玄宗纪开元二十二年春正月己丑。

⑤ 《旧唐书》卷九九《严挺之传》。

⑥ 《新唐书》卷六二《宰相表》。

张九龄和李林甫既是臭味不投，冲突在所难免，于是这二人的争执，便成为历史上一段公案了。

张九龄以进士词科进用，以制诰诗词知名，其事迹略见前述，今不重叙。关于李林甫的出身行迹，在这里便略提一下。

李林甫以门荫调补入仕，早年便有了官位。他不但不能文辞，而且素无学术，仅能秉笔。在显达以后，还曾闹过几次笑话，把“杕杜”念作“杖杜”，把“弄璋”写作“弄獐”。[①]他所引用的人，也常常就和他同类。例如萧炅，也是没有什么学术的，被林甫引荐做户部侍郎。有一次和严挺之在一块，错把“伏腊”读作“伏猎”，挺之认为非常奇怪，于是开玩笑地又问了他一遍，但是他委实不认识，所以仍旧读作“伏猎”。严挺之本由进士词科出身，又是张九龄的党徒，因此就告诉了九龄，并且还说尚书省怎么能够有伏猎侍郎，于是萧炅便被排挤出去做岐州刺史。这样，就更加深了九龄、挺之和林甫中间的仇恨。[②]

在九龄为相以前，选举制度上已经发生了流外和杂途出身

---

① 《旧唐书》卷一〇六《李林甫传》。

② 《旧唐书》卷九九《严挺之传》。据《登科记考》，严挺之神龙元年登贤才科。

的人太多的问题，这些人迁升入仕当然妨碍了科第登用的人士的途辙。在开元十七年，国子祭酒杨玚便已论述这种不平和弊端，他说：诸色出身比明经进士多过十倍，胥吏入流数目超过学子甚巨，若以出身人多，应须诸色都减，不应独独压抑明经进士。[①]而在开元十八年，侍中兼吏部尚书裴光庭又改革了选举制度，照他的改革，是选人不论能否，唯以年资为标准，按照任官的年限一级一级地上升，只要是没有犯了什么罪谴，做官都是有升无降。[②]这样一来，自然在实际上给予了流外杂色出身的人许多方便，所以到九龄为相的时期，这恐怕已经成了大的问题。

以此，九龄对于胥吏及杂途出身的人尤加排斥。低级的官，也许他不一定怎样去过问，可是对于清显的官职，他绝不放松。例如开元二十二年幽州节度使张守珪建了大破契丹的殊勋，连契丹王屈烈及可突于也因为内部纷乱被杀，玄宗大喜之余，想给他宰相的地位来做酬劳。可是张九龄坚执不肯，他说："宰相代天理物，必须得其人而后授，如果拿它来优赏军功，便是开下了一条恶例，此例一开，谁不妄想，以后

---

① 《通典》卷一七《选举典》杂论议中条。

② 《通典》卷一五《选举典》历代制下条；《新唐书》卷四五《选举志》，卷六二《宰相表》。

闹到官滥爵轻，国家就不好治理。”玄宗也只好作罢，在次年二月守珪到东都献捷时，另外拜他为右羽林大将军兼御史大夫。[①]

在开元二十四年，玄宗又要拜河西节度使牛仙客做尚书，作为他在边疆积财贮谷的酬报，张九龄依旧不肯答应，弄得玄宗变色发怒，对九龄说：“事情总要由你决定吗？”九龄对答说：“陛下既用了臣做宰相，有不合的地方，是不敢不尽言的。”玄宗又说：“你是不是因为牛仙客是寒士，就嫌弃他呢？照这样说，你又有什么门阀？”九龄答道：“以门阀论，诚然，臣是岭表海隅的微贱，还比不上生长于中华的牛仙客，可是以出身途径仕宦经历论，则陛下以文学用臣，多年以来，曾经做过台省的清职，并且还曾经典知制诰，而牛仙客则起自边隅小吏，毫无学术，所以牛仙客绝没有资格居中央政府的华显职位。”这时李林甫正和九龄作对，所以就暗地对玄宗说：“牛仙客根本有宰相的才能，何况于做尚书。择官的标准只要看一个人是否有才识，何必一定要凭辞章。天子用人，还有什么可以与不可以的说法。”于是，玄宗便拿定了主意，在十一月壬寅，罢免了张九龄的相职，而用了牛仙客做工部尚书

---

① 《大唐新语》卷七《识量篇》；《旧唐书》卷一〇三《张守珪传》。

同中书门下三品。[1]

从这些对话里，我们可以很明显地看出几种不同的观点。玄宗的看法是属于旧传统的，他的意思以为出身的正途，应该由门阀，若打破此点，则用文学进身与由胥吏出仕并无不同，若按门阀来做标准，则九龄与仙客同样不能致位华要，若舍去门阀不论，则九龄可居宰辅，仙客亦未尝不能为尚书。九龄的看法是属于新体系的，他的意思以为出身的正途，除开门阀以外，还应该有文学，按照这个标准，他自己虽无门阀，但却由进士词科释褐，以后又历践台阁华显之职，所以可以致身宰辅，而牛仙客则既无门阀，又复目不知书，所以不能任居中央清紧官位。李林甫的看法又是一类，他的意思是，择官的标准应凭才识吏干，不应专用辞章，仙客既有才能，天子又欲重用，自然不必加以限制。玄宗的看法是承袭两晋、南北朝、杨隋及唐初的观点，张九龄的看法是承袭武则天破格用人、崇尚文学的观点，李林甫的看法则是根据五王、姚崇等人的意见。这一件事实，很足以昭示我们在高宗以前和武则天以后在用人方面风气的变化。

张九龄罢相以后有十五年的时间，都由李林甫大权独揽。

---

① 《通鉴》卷二一四唐玄宗纪开元二十四年。

李林甫的出身和行迹前面已经略略论过。为了他气量很小，对于有才名的时人，颇为嫉忌。在他为相的时候，有文名的举子，也常常不受重视。例如盛唐著名的诗人高适于天宝八载登有道科，这时李林甫正做着右相当权用事，李林甫既薄于文雅，便只把高适当作举子看待。为了怀才不遇，高适就舍弃了封丘尉不干，而去客游河右。[①]又如天宝六载，玄宗欲大收遗才，命天下士子有通一艺以上的，都集聚到京师对策，李林甫加以种种阻挠，结果一个人也未曾被录取，林甫还要上表称贺“野无遗贤”[②]。这些都是他排斥文辞之士的表现。

可是李林甫终究没有回天的力量。事实上，这时民间看重文学，已经成了风气，干进的人，已经习惯地把文学一途看作鹄的。所以在天宝年间，用诗赋做考试进士的标准，反倒成立。同时，玄宗也并不和李林甫一样，在爱好文学的风气之下，他受了很深的影响，例如在翰林院里，他就聚集了不少的文人，张说的儿子张均、张垍，有名的李白，还有吕向等等，都是在翰林供奉的。

至于张九龄罢相一事以后，李林甫还兴起好几次大狱，那都似乎只属于私人争权的性质，这里姑且不去讨论它。

---

① 《旧唐书》卷一一一《高适传》。

② 《通鉴》卷二一五唐玄宗纪天宝六年。

国家新闻出版广电总局
首届向全国推荐中华优秀传统文化普及图书

‖大家小书书目

经典常谈	朱自清　著
语言与文化	罗常培　著
习坎庸言校正	罗　庸　著　杜志勇　校注
鸭池十讲（增订本）	罗　庸　著　杜志勇　编订
古代汉语常识	王　力　著
国学概论新编	谭正璧　编著
文言尺牍入门	谭正璧　著
日用交谊尺牍	谭正璧　著
敦煌学概论	姜亮夫　著
训诂简论	陆宗达　著
金石丛话	施蛰存　著
常识	周有光　著　叶　芳　编
文言津逮	张中行　著
中国字典史略	刘叶秋　著

古典目录学浅说　　来新夏　著

闲谈写对联　　白化文　著

怎样使用标点符号（增订本）　　苏培成　著

诗境浅说　　俞陛云　著

唐五代词境浅说　　俞陛云　著

北宋词境浅说　　俞陛云　著

南宋词境浅说　　俞陛云　著

人间词话新注　　王国维　著　滕咸惠　校注

苏辛词说　　顾　随　著　陈　均　校

诗论　　朱光潜　著

唐诗杂论　　闻一多　著

诗词格律概要　　王　力　著

唐宋词欣赏　　夏承焘　著

槐屋古诗说　　俞平伯　著

词学十讲　　龙榆生　著

词曲概论　　龙榆生　著

中国古典诗歌讲稿　　浦江清　著

浦汉明　彭书麟　整理

唐人绝句启蒙	李霁野　著
唐宋词启蒙	李霁野　著
古典文学略述	王季思　著　王兆凯　编
古典戏曲略说	王季思　著　王兆凯　编
唐宋词概说	吴世昌　著
宋词赏析	沈祖棻　著
道教徒的诗人李白及其痛苦	李长之　著
闲坐说诗经	金性尧　著
陶渊明批评	萧望卿　著
舒芜说诗	舒　芜　著
名篇词例选说	叶嘉莹　著
唐诗纵横谈	周勋初　著
楚辞讲座	汤炳正　著 汤序波　汤文瑞　整理
好诗不厌百回读	袁行霈　著
山水有清音 ——古代山水田园诗鉴要	葛晓音　著

门外文谈	鲁　迅　著
我的杂学	周作人　著　张丽华　编
论雅俗共赏	朱自清　著
文学概论讲义	老　舍　著
中国文学史导论	罗　庸　著　杜志勇　辑校
给少男少女	李霁野　著
鲁迅批判	李长之　著
英美现代诗谈	王佐良　著　董伯韬　编
三国谈心录	金性尧　著
夜阑话韩柳	金性尧　著
英语学习	李赋宁　著
漫谈西方文学	李赋宁　著
历代笔记概述	刘叶秋　著
笔祸史谈丛	黄　裳　著
古典诗文述略	吴小如　著
有琴一张	资中筠　著
鲁迅作品细读	钱理群　著
唐宋八大家 ——古代散文的典范	葛晓音　选译

红楼梦考证	胡　适　著	
《水浒传》与中国社会	萨孟武　著	
《西游记》与中国古代政治	萨孟武　著	
《红楼梦》与中国旧家庭	萨孟武　著	
《金瓶梅》人物	孟　超　著	张光宇　绘
水泊梁山英雄谱	孟　超　著	张光宇　绘
《红楼梦》探源	吴世昌　著	
《西游记》漫话	林　庚　著	
细说红楼	周绍良　著	
红楼小讲	周汝昌　著	周伦玲　整理
曹雪芹的故事	周汝昌　著	周伦玲　整理
古典小说漫稿	吴小如　著	
三生石上旧精魂 ——中国古代小说与宗教	白化文　著	
《金瓶梅》十二讲	宁宗一　著	
古体小说论要	程毅中　著	
近体小说论要	程毅中　著	
文学的阅读	洪子诚　著	
中国戏曲	么书仪　著	

中国史学入门	顾颉刚　著　何启君　整理
秦汉的方士与儒生	顾颉刚　著
三国史话	吕思勉　著
史学要论	李大钊　著
中国近代史	蒋廷黻　著
民族与古代中国史	傅斯年　著
五谷史话	万国鼎　著　徐定懿　编
民族文话	郑振铎　著
史料与史学	翦伯赞　著
唐代社会概略	黄现璠　著
清史简述	郑天挺　著
两汉社会生活概述	谢国桢　著
中国文化与中国的兵	雷海宗　著
两宋史纲	张荫麟　著
明史简述	吴　晗　著
北宋政治改革家王安石	邓广铭　著
从紫禁城到故宫——营建、艺术、史事	单士元　著
史学遗产六讲	白寿彝　著

司马迁之人格与风格	李长之　著
司马迁	季镇淮　著
唐王朝的崛起与兴盛	汪　篯　著
二千年间	胡　绳　著
论三国人物	方诗铭　著
考古发现与中西文化交流	宿　白　著
中国古代国家的历史特征	张传玺　著
艺术、神话与祭祀	张光直　著 刘　静　乌鲁木加甫　译
中国古代衣食住行	许嘉璐　著
中国古代史学十讲	瞿林东　著
黄宾虹论画	黄宾虹　著
中国绘画史	陈师曾　著
和青年朋友谈书法	沈尹默　著
中国画法研究	吕凤子　著
桥梁史话	茅以升　著
中国戏剧史讲座	周贻白　著
俞平伯说昆曲	俞平伯　著　陈　均　编

新建筑与流派	童　寯　著
论园	童　寯　著
拙匠随笔	梁思成　著　林　洙　编
中国建筑艺术	梁思成　著　林　洙　编
沈从文讲文物	沈从文　著　王　风　编
中国画的艺术	徐悲鸿　著　马小起　编
中国绘画史纲	傅抱石　著
中国舞蹈史话	常任侠　著
海上丝路与文化交流	常任侠　著
世界美术名作二十讲	傅　雷　著
中国画论体系及其批评	李长之　著
金石书画漫谈	启　功　著　赵仁珪　编
吞山怀谷——中国山水园林的艺术	汪菊渊　著
中国古代音乐与舞蹈	阴法鲁　著　刘玉才　编
梓翁说园	陈从周　著
旧戏新谈	黄　裳　著
民间年画十五讲	王树村　著　姜彦文　编
民间美术与民俗	王树村　著　姜彦文　编

长城史话	罗哲文　著
中国古园林概说	罗哲文　著
现代建筑奠基人	罗小未　著
世界桥梁趣谈	唐寰澄　著
如何欣赏一座桥	唐寰澄　著
桥梁的故事	唐寰澄　著
园林的意境	周维权　著
万方安和 ——皇家园林的故事	周维权　著
现代建筑的故事	吴焕加　著
中国古代建筑概说	傅熹年　著

国学救亡讲演录	章太炎　著　蒙　木　编
简易哲学纲要	蔡元培　著
大学教育	蔡元培　著 北大元培学院　编
老子、孔子、墨子及其学派	梁启超　著
中国政治思想史	吕思勉　著
天道与人文	竺可桢　著　施爱东　编

春秋战国思想史话　嵇文甫　著

晚明思想史论　嵇文甫　著

新人生论　冯友兰　著

中国哲学与未来世界哲学　冯友兰　著

谈美书简　朱光潜　著

中国古代心理学思想　潘　菽　著

民俗与迷信　江绍原　著　陈泳超　整理

佛教基本知识　周叔迦　著

儒学述要　罗　庸　著　杜志勇　整理

希腊漫话　罗念生　著

佛教常识答问　赵朴初　著

大一统与儒家思想　杨向奎　著

孔子的故事　李长之　著

西洋哲学史　李长之　著

乡土中国　费孝通　著

社会调查自白　费孝通　著

经学常谈　屈守元　著

墨子与墨家　任继愈　著

汉化佛教与佛寺　白化文　著

中西之交　陈乐民　著

出版说明

“大家小书”多是一代大家的经典著作，在还属于手抄的著述年代里，每个字都是经过作者精琢细磨之后所拣选的。为尊重作者写作习惯和遣词风格、尊重语言文字自身发展流变的规律，为读者提供一个可靠的版本，“大家小书”对于已经经典化的作品不进行现代汉语的规范化处理。

提请读者特别注意。

北京出版社